紙上吉金

鍾鼎彝器善本
過眼録·上（樂器 食器）

文物出版社

圖書在版編目（CIP）數據

紙上吉金：鐘鼎彝器善本過眼錄 / 仲威編著 . --
北京：文物出版社 , 2020.10
ISBN 978-7-5010-6799-2

Ⅰ.① 紙… Ⅱ.① 仲… Ⅲ.① 金屬器物—拓本—中國
—古代—圖録 Ⅳ.① K876.42

中國版本圖書館 CIP 數據核字（2020）第 170731 號

紙上吉金——鐘鼎彝器善本過眼録

編 著 者：仲　威

責任編輯：張　瑋
責任校對：陳　婧
責任印製：張　麗
裝幀設計：譚德毅

出版發行：文物出版社
社　　　址：北京東直門内北小街 2 號樓
郵政編碼：100007
網　　　址：www.wenwu.com
郵　　　箱：web@wenwu.com
經　　　銷：新華書店
制版印刷：天津圖文方嘉印刷有限公司
開　　　本：787mm×1092mm　1/8
印　　　張：98
版　　　次：2020年10月第1版
印　　　次：2020年10月第1次印刷
書　　　號：ISBN 978-7-5010-6799-2
定　　　價：1800.00圓

序一

上海圖書館藏有 25 萬件碑帖拓片，其中碑刻占絕大部分，其次是明清法帖，金文和全形拓片占比卻極低，僅二千餘卷軸，不足館藏拓片總量的百分之一。再環顧國內外其他重要拓片公藏機構，亦大致如此，概莫例外。從中可見，金文和全形拓是拓片收藏的珍稀品種，究其原因是鐘鼎彝器的收藏者非富即貴，不是朝廷重臣，就是地方要員；不是博學通人，就是賢達鄉紳，其中也不乏鉅商大賈，但凡在這一收藏圈中涉足者，或淹通經史，或精於小學，或篤嗜鑒賞。因此，過去一直將鐘鼎彝器美稱爲"吉金"，祇有富貴賢達者纔能擁有，也正因爲是"吉金"，故較少傳拓和流通，與同屬"金石"範疇的"石刻"——歷代碑刻的傳拓數量有着天壤之別。

金石學雖然始於宋代，但從海內外博物館收藏的鐘鼎彝器來看，宋代流傳至今的"傳世器"數量極少，絕大多數是清代乾嘉以後陸續出土發現，再結合上海圖書館"吉金"拓片來分析，鐘鼎彝器收藏者與"吉金"拓片收藏者大致是重疊的，而且都活躍在同時期的金石朋友圈中，試舉要如下：

1. 乾隆晚期至嘉道時期：
    孫星衍、阮元、張廷濟、程文榮、葉志詵、曹秋舫、許梿、徐渭仁、劉喜海、吳式芬、程洪溥、甘熙、張慶榮
2. 咸同至光緒初期：
    吳廷康、馮桂芬、吳雲、陳介祺、金傳聲、蔣光煦、汪鋆、許延瑄、陸增祥、沈樹鏞、王錫榮
3. 晚清時期：
    楊峴、楊繼震、沈秉成、潘祖蔭、吳大澂、李宗岱、陸心源、方濬益、王懿榮、盛昱、裴景福、費念慈、劉鶚、端方、王仁俊、丁樹楨、郭蔭士
4. 清末民初時期：
    吳昌碩、王秉恩、潘飛聲、章鈺、鄒安、羅振玉、周慶雲、龐澤鑾、徐乃昌、丁麟年、張廣建、褚德彝、劉世珩、趙時棡、張增熙、奚光旭、溥倫、王緒祖
5. 民國時期：
    葉爲銘、周湘雲、李國松、劉體智、奚光旭、周進、柯昌泗、王文濤、馮恕、童大年、王福庵、葉恭綽、高時敷、張瑋、吳湖帆、容庚、孫鼎、李國森

從這份"吉金"原器和拓片的收藏者名單中，不難看出，其

中一部分也是碑帖收藏者，但仍有一大部分碑帖收藏家不在這一名單中，由此可見，“金石”收藏圈有既獨一又重合的現象，以獨一爲主，重合爲輔，“金”“石”收藏基本沿着兩個並行的軌道在發展，“金”類收藏者人數少，參與者大多是高端人群；“石”類收藏者人數多，帶有平民化傾向，類似於花費不高，樂趣多多的“農家樂”，故碑刻一般美稱爲“樂石”，兩者合一就是“吉金樂石”。

這種“金”與“石”分門別類現象，主要還是由經濟基礎決定的，有力者收藏研究彝器吉金，無力者嗜好殘石磚瓦。此外，金石碑帖除了收藏與研究功能外，還有一個書法欣賞與臨摹功能，“吉金”屬於三代古文字，其釋讀、認知與欣賞需要較高的知識門檻，不像“樂石”那般大眾化、通俗化，士農工商的日常書法學習大多依靠碑帖。這就造成了“吉金”與“樂石”拓片，在碑帖拓片收藏供求關係中所占份額差異極爲懸殊，這在上海圖書館的館藏數量差異中已經可見一斑。

“吉金”拓片的傳播遠不及“樂石”拓片，“樂石”類碑帖拓片傳世有宋拓本、明拓本，“吉金”卻沒有如此高古的拓本傳世，祇到清代金石學興起後，在乾嘉時期纔逐漸流行傳拓“吉金”銘文拓片。到嘉道年間，又發明創造了“全形拓”，以傳拓加手繪的技術，勾勒出鐘鼎彝器的原形，並伴隨照相術的發明、引進、發展、普及的過程，“全形拓”技術手法日臻完善。

在上海圖書館館藏近千件“吉金”卷軸中，偶有留下少量傳拓者的姓名，早期傳拓者還是收藏者、文化人自己動手，傳拓吉金銘文爲主，隨之出現了傳拓全形高手，後期纔出現專業拓工，也有少數文化人以“客串”助興形式參與其中，但彼時拓工身份卑微，大多沒有留下名姓，即便留下姓名的拓工，其生卒年皆難以查考，祇能依靠其傳拓器物的主人，大致推測其傳拓的時間段。這些傳拓者爲後人研究“吉金”傳拓提供了技藝傳承的珍貴信息，茲將館藏拓片中出現的“吉金”傳拓者舉要如下：

1. 嘉道時期：
   錢坫、阮元、何元錫、阮恩高、趙懿、汪芝雲、釋六舟、楊鐸
2. 咸同時期：
   吳雲、陳介祺、汪鋆、姚寶佩、李錦鴻、程六皆、張玉芹、許廷暄

3. 清末民初時期：

戴彥生、林福昌、王石經、吳重憙、王同愈、朱春塘、吳冠英、胡子英、鄭文焯、焦山鶴州、劉雒甫、尹伯圜、吳昌碩、吳隱

4. 民國時期：

王秀仁、李漢青、黃廷榮、陸樹聲、王文燾、周希丁、鄒祖憲

其中，不少名家藏器的傳拓者相對固定，有"特聘"意味，如程木庵藏器，大多出自六舟，吳雲藏器一般出自李錦鴻和張玉芹，費念慈藏器多爲王同愈所拓，端方藏器出黃少穆之手，李國森藏器則由王秀仁承包。

本書收入的"吉金"全形拓，記錄了全形拓從出現、發展、鼎盛、衰微的全過程，爲研究"吉金"全形拓提供了第一手原始資料。

近年來，我一直在思考"吉金"全形拓的價值判斷，積累了一些還不是十分成熟的觀點，現分享給廣大讀者，與大家一同探討，大致有以下幾個方面：

1. 傳拓器物——"吉金"的文物珍貴程度，是國寶重器還是普通彝器，這是價值判定的基礎。

2. 器物鑄刻銘文字數的多寡，是價值評判的前提標準，其銘文書法的優劣、鑄器工藝的高低、器物紋飾的精粗，都是價值評定的後續因素。

3. 價值判斷的核心依據，不在全形，而在銘文。"銘文"部分，纔是一件全形拓價值體現的真正主角，全形祇是配角，僅僅起示意圖的作用，不可本末倒置。

4. "吉金"原器毀佚者、流往海外者，其傳世全形拓的價值亦隨之陡升，這是傳播稀少的疊加因素。

5. 名家題跋，纔是"吉金"全形拓的亮點所在，其人文價值的附加值不容小覷。"吉金"全形拓一般多是名家藏器、名家監拓本，拓工亦多爲民間高手，這是"吉金"器物的珍貴性決定的。有無藏家和拓工鈐印，有無名家題跋纔是全形拓身價的體現。

6. 如果撇開銘文因素，單看全形拓，其主要部件是否出自"吉金"原器，傳拓時間的早晚，多是評判基礎。全形的視覺還原效果則是次要因素，早期全形拓有"古拙美"，後期是"逼真美"，追求"逼真美"是全形拓曾經的一個發展

過程，但它永遠無法與"攝影"與"油畫"匹敵，"逼真"應該不是全形拓追求的最終發展方向。

　　筆者在編撰《紙上吉金》一書後，認爲鐘鼎彝器拓本最大的看點還是歷代的名家題跋。清代金石學研究的内容和方法，無外乎著録、摹寫、考釋、評述四端，基於此，不難看出，傳世名家題跋的吉金全形拓集以上四項功能於一身，即存其目，録其文，圖其形，述其史。名家題跋内容大多圍繞經史、小學、義例展開闡發，考其時代，述其制度，釋其文字，爲"證經訂史"服務，極少涉及書法藝術評述，證經典之同異、正諸史之謬誤、補載籍之缺佚，纔是金石學研究的方向和意義。

　　本書收入的鐘鼎彝器拓本，多爲筆者近十年在上海圖書館碑帖庫房故紙堆里整理發現，出於對金石拓本的喜好和敏感，故對此猶爲珍視。可惜的是，我本人一無先秦史的學術背景，二無古文字的功底，祇有對金石拓片傳古的一片熱誠，能力與水平皆有限，祇能土法上馬，邊學邊干，先易後難，兩年前出版的《紙上金石——小品善拓過眼録》就是一次探索和嘗試，隨之而來的讀者鼓勵和鞭策是我近年前行的動力，這本《紙上吉金》既是我對鐘鼎彝器學習研究的"學步之作"，也是開啟我"金石雙楫"職業生涯的一個"坐標起點"，希望廣大讀者不吝賜教。

　　　　　　　　己亥十二月十九日，仲威寫於上海圖書館

鐘鼎彝器善本過眼録 （凡例）

· 本書收録鐘鼎彝器拓本，均爲近十年間在上海圖書館碑帖整理工作中的最新發現。

· 將鐘鼎彝器分爲樂器、食器、酒器、水器四大類。樂器細分爲鐘、鎛、句鑃，食器細分爲鼎、鬲、甗、簋、簠、豆，酒器細分爲爵、角、觚、觶、尊、壺、卣、罍，水器細分爲盤、盉、匜。各器的編排次序以銘文字數多寡爲準。

· 文字部分，先著録器物形制、器物流傳和器物銘文，再著録拓本鑒藏、拓本題跋、拓本尺寸和館藏號等。爲便於識讀，凡遇題跋文字中異體字，均以正字釋録。

· 圖片部分，既有拓本全圖，又有局部。凡涉及版本鑒定者，還適當插入考據對照圖。凡有器形實物照片者，一并收録以供參考。

· 本書以吳鎮烽《商周青銅器銘文暨圖像集成》爲重要參考工具，有關器物時代與形制、流傳和收藏、銘文和釋讀皆以此書爲準。爲便於讀者查檢，每件器物還附録了此書的編序號。

· 各種器物合拓一紙者，列入“鐘鼎彝器集拓”類。

· 書後附録《鐘鼎彝器善本題跋者人名索引》。

目録

樂器

鐘

鎛

句鑃

食器

鼎

紙上吉金

鐘鼎彝器善本過眼録

樂器

鄭邢叔鐘

西周晚期器，見有大小兩件。

大者爲潘祖蔭舊藏，現爲荷蘭萬孝臣收藏，通高約 25.5 釐米。銘文 10 字，其文曰：

鄭邢叔作靈龢鐘用綏賓。

前 9 字在鉦間，後 1 字在左鼓。

另一較小者，合瓦形鈕鐘，長環形鈕，鉦間和篆間以粗綫紋作界格，每面有六組乳釘形枚，鼓部飾有夔龍紋。是鐘今下落不明，僅見拓本傳世，通高約 19 釐米。銘文同爲 10 字，然前 8 字在鉦間，後 2 字在左鼓。

見載於《商周青銅器銘文暨圖像集成》27 册編號 15138–15139，載有鄭邢叔鐘大小兩件，小者僅見銘文鈎摹本，未見拓本，莫非小者拓本流傳較少耶。

鄭邢叔鐘

王文燾藏本

與《鄦侯鎛》（王文燾藏本）Z2374 同屬一套。

此拓出自鄭邢叔鐘較小者，爲王文燾（椿蔭宧）藏本，鈐有鄒安（適盧）印章，内有民國辛酉（1921）王文燾題端：

鄭邢叔龢鐘。璹廎。

王文燾，字君覆，號璹廎、壽魯、叔廎、瑟公。王秉恩之子。清末民初學者，子承父業，亦喜金石，富藏書。著有《椿蔭宧初草》《鹽鐵論校記》《春秋左氏古經》等。

卷軸裝　畫芯縱 66.5、橫 20 釐米　館藏號：Z2375

5

搏武鐘

搏武鐘，舊稱"董武鐘"，或稱"戎起鐘""戊起鐘"，戰國時期樂鐘。鼓部正面爲鳥篆體銘文，共十字。其文曰：

　　戎桓搏武，敢入吳疆，□□。

傳世拓本多從南宋王厚之（復齋）拓本摹出，其鉦部銘文六字，左右鼓各兩字。

咸豐五年（1855）夏，河南蘭考縣筒瓦厢出土一件"搏武鐘"，同年九月，爲許槤購於淮陰。此鐘銘文四行共十字，皆在鼓部中央，與王復齋藏本迥異，不知孰真孰假，抑或俱僞，亦不可知也。

見載於《商周青銅器銘文暨圖像集成》27冊，編號15150，所載之《搏武鐘》係王復齋藏本，爲刻印本，亦非原器拓本，其鉦部銘文六字，左右鼓各兩字。與許槤藏本迥異。

許槤藏本

許槤藏器拓本，有咸豐五年（1855）許氏題跋。拓本上方，許槤題跋：

　　此爲周孔未生以前文字，歷今三千餘年，忽經我眼，何等奇福。金石家如翁覃谿、黃小松、趙晉齋諸老輩均未及見，阮文達師僅睹摹本，未必非天之故留缺陷于前人也。吉金惟鐘爲難得而商鐘尤難，今海内止此一器，巋然魯靈光也，余所藏尚有綏賓鐘，文字亦極古茂，較此已附庸矣。《周禮·鳧氏》爲鐘鄭注：面背各十八乳，合之得三十六乳，余所見周鐘皆如此，是鐘面背各二十四乳，合之得四十八乳，蓋商制也。王復齋藏本止三十六與商制不符，其爲僞造，奚疑哉。銘止十字，渾括一切，非比周人之專事吉祥語多繁縟，商人尚質，信然。

拓本下方許槤跋：

　　咸豐乙卯（1855）九月，偶經淮陰市上，睹一鐘，知爲古物，亟以數金易歸，土花繡蝕，諦視幾無一字，以酢漿浸拭十餘日，全文始顯，乃儀徵阮文達師《積古齋款識》所載董武鐘，從宋王復齋搨本編入者也。然以復齋原本比校，參稽形制大小，截然不同，文字偏傍亦多詭異，因復入市，叩鬻者所自來，云："某向客豫中，今夏蘭儀厛所屬之筒瓦箱決口，倉卒言歸，時下游斷流，可通車馬，行至筒瓦厢東南數十里之小王家莊，人眾喧呶，就問，知前數夕每夜分河中輒放光丈餘，疑有窖鏹，聚掘獲此，正相咨嗟若失。某遂以四緡取之，寄肆中無過問者，幸遇君，得倍值耳。"余恍然悟其不同之故，蓋此鐘宋時已淪入河中，好古者或得舊拓本，以意仿鑄，復齋不察，著之于録。後人轉相摹刻，莫敢訾議，而不知其非廬山真面也。神物不肯終閟而出，光

晉戍趞鐘

復齋本第二第三兩行字左鉦間第一第四兩行分列左右兩欒二左鉦間此獨
距鉦甚遠今此鐘四行字俱左鼓間推原其故凡周鐘詔字多在鉦間極小鉦
左鼓間或亦是商制宋人但有銘文拓本未睹全形約略仿鑄故鐘體極小鉦
金石家如翁覃谿黃小松趙
三千餘年忽經我眼何等奇福
此為周孔未生呂前文字歷今
古舍冤矣
開不能著此四行因將首尾兩行分置兩欒不有原鐘出土則銘字離析不成文理千
晉齋諸老輩均未及見阮文達
師僅暗摹本未必非天之故留
缺陷于前人也

周禮春官序官鑄師注
吉金惟鐘為難得而商鐘九
尤今海内止此一器歸狀魯霧
字亦極古茂較此已玷庸矣
下數百品從
盥壺卣釁爵不
昏器如鼎簋敦
三臺文余所見
字每筆往二作
皆人謂商金文
未見有三臺文
矣

周禮鳧氏為鐘鄭注面背各
十六乳合之得三十六乳余所
見周鐘皆如此是鐘面背各
二十四乳合之得四十八乳蓋商
制也王遺齋咸本止三十六
與商制不符其為偽造奚
疑哉

銘止十字渾括一切非此周人
之專事吉祥語多絲繆否
人尚質信然

戍趞
鑄武敔
夫吳疆
業末

弟一字嘉定錢獻之釋為戍古戍從甲泰繹山碑從十三本古文甲寧余謂是戍字左旁一撇上半微作
鉤形乃弟一臺此即三臺文錢釋戍非是弟三寧左從金右從專顯是鑄字海臨吳侃右
林釋為動又通董且戴下武字連上讀圖名之曰董武鐘穿鑿極矣弟五寧左旁從專與鑄寧右
翁筆迹相同右旁從攴亦明白易識侃林釋為鑄九隸弟六字是夫字讀作扶侃林釋為用亦非錢
吳兩君之說阮氏積古齋款識均依入錄特為拈出予豈好辯哉

卷軸裝　畫芯縱126、橫61釐米　館藏號：Z1006

晉戉趞鐘

此為周孔未生呂前文字歷今
三千餘年忽經我眼何芋奇福
金石家如翁覃谿黃小松趙
晉齋諸老輩均未及見阮文達
師僅睹摹本未必非天之故留
缺陷于前人也
吉金惟鐘為難得而商鐘九
難今海內止此一器歸狀魯霧
光也余所咸尚有周綏賓鐘文
字亦極古茂較此乙坿庸矣
周禮凫氏為鐘鄭注面背各
十八乳合之得三十六乳余所
見周鐘皆如此是鐘面背各
二十四乳合之得四十八乳蓋商
制也王遬齋咸本止三十六
與商制不符其為偽造矣
銘止十字渾括一切非比周人
之專事吉祥語多縣縛啟
人尚質信然

怪以自顯，又偃蹇不遇，待貴塵肆。余頻年
養疴，今春復出，仍綴班鵷鷺，行其偃蹇與
鐘等，而鐘適落余手，殆以慰長歌遠望之懷乎。
因縷敍顛末，以示同好，東南多事，聽鐘聲
而思武臣，覽者勿以間情別致可也。是歲嘉
平十日海寗許槤記。

許槤（1787-1862），初名映漣，字叔夏，號珊林、樂恬散人，室名紅竹草堂、古韻閣、行吾素齋。浙江海寧長安人。道光十三年（1833）進士，歷官直隸知縣、山東平度知州，以吏事精敏，善決疑獄著稱。精研《説文解字》，熟諳鐘鼎文字，以六書名其家。有《古韻閣遺著》《六朝文絜》《洗冤錄詳義》《邢部比照加減成案》等。

甹鐘

甹鐘，舊稱"聘鐘"，西周晚期器。據《考古圖》記載，聘鐘原爲河南寇準舊藏。鉦間銘文15字，其文曰：

宮，令宰僕錫甹白金十鈞，甹敢拜稽首。

見載於《商周青銅器銘文暨圖像集成》27冊，編號：15160，僅爲手繪摹本，非拓本。

甹鐘　《東書堂重修宣和博古圖録》

汪思敬跋本

拓本右下角鈐有"汪芝雲手拓"印章。全形拓本爲每面24乳釘，《集成》手繪圖則爲18乳釘。

卷軸頂端有道光二十三年（1843）汪思敬（儼齋）題跋，其文曰：

按《博古録》云：在昔人臣有功於國者，必昭其功而勒諸金石，故若魏絳之和戎而獲五利，則賜之樂而始具金石之奏是也。夫編鐘之數，十六而聘之，所賜十有二，是知其爲數方應月律者如此耳。若夫名氏所出典籍缺泯，蓋無得而考焉。此鐘銘辭與《薛尚功鐘鼎款識》所載"聘鐘"文同，定是周器無疑矣。

道光二十三年（1843）癸卯七月既望，儼齋汪思敬識于汲古齋。

汪思敬（1771-？），字式欽，號儼齋。其齋室名有汲古齋、擷芳館、冰霞閣、積古齋等。浙江海鹽人。精鑒藏，與張廷濟常有詩詞唱酬。

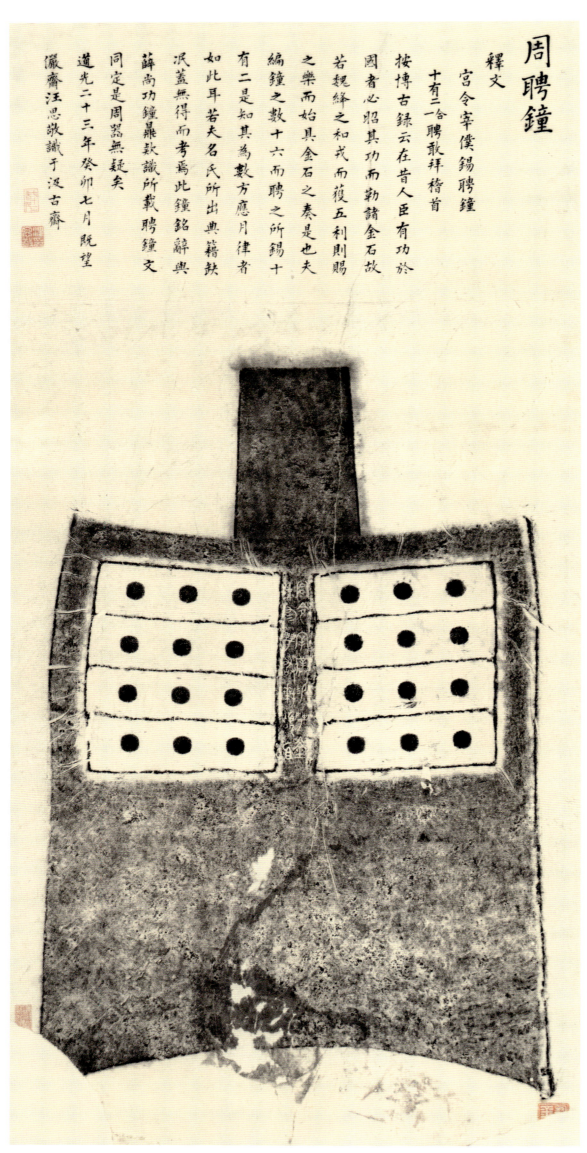

釋文

周聘鐘

宮令宰僕錫聘鐘
十有二一合聘敢拜稽首

按博古錄云在昔人臣有功於
國者必昭其功而勒諸金石故
若規絲之和戎而獲五利則賜
之樂而始具金石之奏是也夫
編鐘之數十六而聘之所錫十
有二是知其為數方應月律者
如此耳若夫名氏所出典籍缺
泯蓋無得而考焉此鐘銘辭與
薛尚功鐘鼎款識所載聘鐘文
同定是周器無疑矣

道光二十三年癸卯七月既望
儼齋汪思敬識于波古齋

卷軸裝　畫芯縱82、橫40釐米　館藏號：Z1089

楚公豪鐘

楚公豪鐘，西周晚期編鐘，傳世見有五件，其中三件（甲、丙、戊）鉦間鑄刻銘文16字（其中重文2字），其文曰：

楚公豪自作寶大林鐘，孫孫子子其永寶。

乙鐘14字，丁鐘16字。

1. 甲鐘，陳介祺舊藏，現藏日本京都泉屋博古館。通高53.2釐米，重25.6千克。

2. 乙鐘，陳介祺舊藏，現藏日本京都泉屋博古館。通高44.1釐米，重18.8千克。其銘文"楚公豪自鑄錫鐘，孫孫子子其永寶"14字。

3. 丙鐘，陳介祺舊藏，現藏日本京都泉屋博古館。通高36.7釐米，重10千克。

4. 丁鐘，1998年7月陝西扶風縣黃堆鄉召陳村西周銅器窖藏，現藏周原博物館。通高33釐米，重8.69千克。其銘文16字，"大林鐘"鑄刻爲"大林龢鐘"，多一"龢"字。

5. 戊鐘，此鐘下落不明，僅見拓片。其有一個特徵十分明顯，即銘文"楚公"之"楚"字鑄刻在鉦間邊框外，框內16字。

以上五鐘見載於《商周青銅器銘文暨圖像集成》27冊，編號15170－15174。

楚公豪鐘甲

楚公豪鐘甲（局部）

楚公家鐘乙

楚公家鐘乙（局部）

楚公家鐘丙

楚公家鐘丁

楚公家鐘丁（局部）

甘熙藏本

楚公愛戉鐘，此拓本爲甘熙津逮樓舊藏，光緒二十一年（1895）歸劉世珩。有朱善旂朱藍筆釋文與考釋題記和張謇觀款，拓本鈐有"金陵甘氏家藏""津逮樓""孫汝梅印"印章。

劉世珩題卷軸外簽：

楚公鐘拓本，光緒乙未冬得，

庚子春裝，世珩藏記。

甘熙（1798-1853），字實庵。江蘇江寧人。清道光十九年（1839）進士，家有藏書樓"津逮樓"，藏書十餘萬卷。著有《白下瑣言》《桐陰隨筆》《棲霞寺志》《金石題詠彙編》《靈谷禪林志》等。

右上角標籤：

楚公鐘。當湖朱建卿釋文，第二開。

朱善旂釋文并題記：

楚公受自作寶大蔟鐘，孫孫子子其永寶。

"骳"古"奏"字，古文"奏"作"駒"，"乎"象膝理形，從"δ"與從"乎"同義，上從"兩"者，"兩"爲屋廡象蓋覆冒之意，《淮南子》天文太蔟者，蔟而未出也。"蔟"有覆冒義，知從"兩"爲"太蔟"字。

"公"下一字考《然暌敦》"賓"作"賓"，此或省"貝"，但其上尚有"爪"，則是"受"字，楚公之名也。

旂按：程木庵孔目藏一卣，其第三字作"國"。

朱善旂（1800-1855），字大章，號建卿。浙江平湖人。道光辛卯（1831）舉人，精古文字學，與許瀚交善。著有《敬吾心室彝器款識》《石鼓文縮本釋文》。

張謇觀款：

光緒二十六年庚子（1900）十一月冬至後二日，通州張謇從聚顧觀察得觀。

卷軸裝　畫芯縱 35、橫 32.5 釐米　館藏號：Z2109

王秀仁拓本

筆者又見《楚公𬀷鐘全形拓本》兩件，皆出上述五鐘之外。

此件拓本雖鈐有"王秀仁手拓金石文字"，然拓工平平，全形呆板。其鉦間鑄刻銘文16字（其中重文2字）："楚公𬀷自作寶大林鐘，孫孫子子其永寶"，其中"𬀷"字未見"爪"部，"林"字下方"攴"部亦有誤。此外，"自作"兩字和"其永"兩字之章法佈局亦與它鐘大別。

王秀仁，浙江山陰人。民國時期技藝精湛的拓匠，尤擅古器物全形拓。

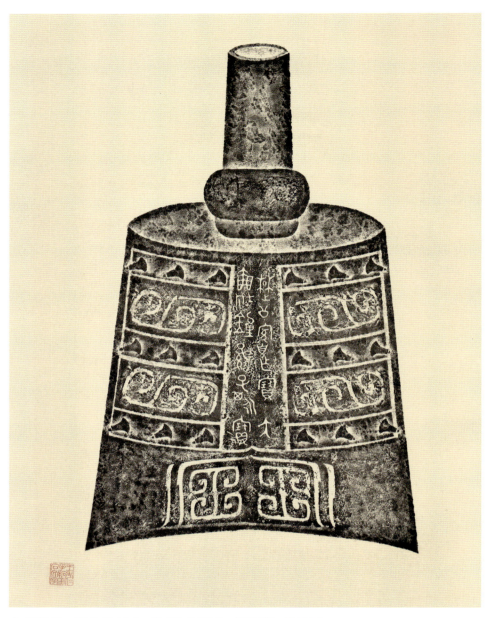

| 卷軸裝　畫芯縱124、橫53.5釐米　館藏號: Z1614

左權跋本

此件《楚公𬀷鐘全形拓本》，其出處並非以上五鐘。最大區別是，它鐘銘文皆在鉦間，此鐘分刻於鉦間與鼓部。其鉦間鑄刻銘文"楚公𬀷自作寶大林鐘"9字，左鼓鑄刻銘文"子子孫孫永寶"6字，它鐘爲"孫孫子子"，此鐘爲"子子孫孫"，且缺"其永寶"之"其"字。

從此件拓本來看，其文字與紋飾綫條，皆略顯呆板與稚嫩，非真器，然此拓卻鈐有十鐘山房主人陳介祺的三方印章。

另有清末民初左權（詩龕）題記，其文曰：

此濰縣陳簠齋太史所藏十鐘之一，拓本不甚精，但十鐘聞已散失，且有淪入異域者，寶玉大弓已非魯有，吉光片羽良足珍矣。簠齋各印皆王西泉茂才所鐫，西泉海岱佳士，治印不爲徽浙兩派所囿，深得秀潔安詳之致。詩龕左權。

左權，字詩龕，齋號春星帶草堂，江蘇武進人。清末民初詩人，嗜金石碑帖，曾在上海鬻字。

左權這段題記，對《楚公𬀷鐘》涉筆不多，卻對陳介祺印章頗爲關注，跋中所謂"海岱佳士"者就是王石經。王石經（1833-1918），字君都，號西泉，山東濰縣人，陳介祺同鄉。晚清山東篆刻家，得陳介祺、盛昱、潘祖蔭、王懿荣、吳大澂等金石家欣賞，著有《西泉印存》。

看來左權也拿捏不准此件《楚公𬀷鐘全形拓本》的真偽，祇是將裁定權押在陳介祺印章上了。

周楚公蒙鐘

此濰縣陳簠齋太史所藏
十鐘之一拓本石雲精但十鐘間已散失
且有論入異域者寶玉大弓已非魯呂吉光片
羽良足珍矣簠齋私印皆
王西泉茂才所鑴
西泉海岱佳士治印石不為巖斷兩派所圍深秀
潔古詳之致佀

詩龕左權

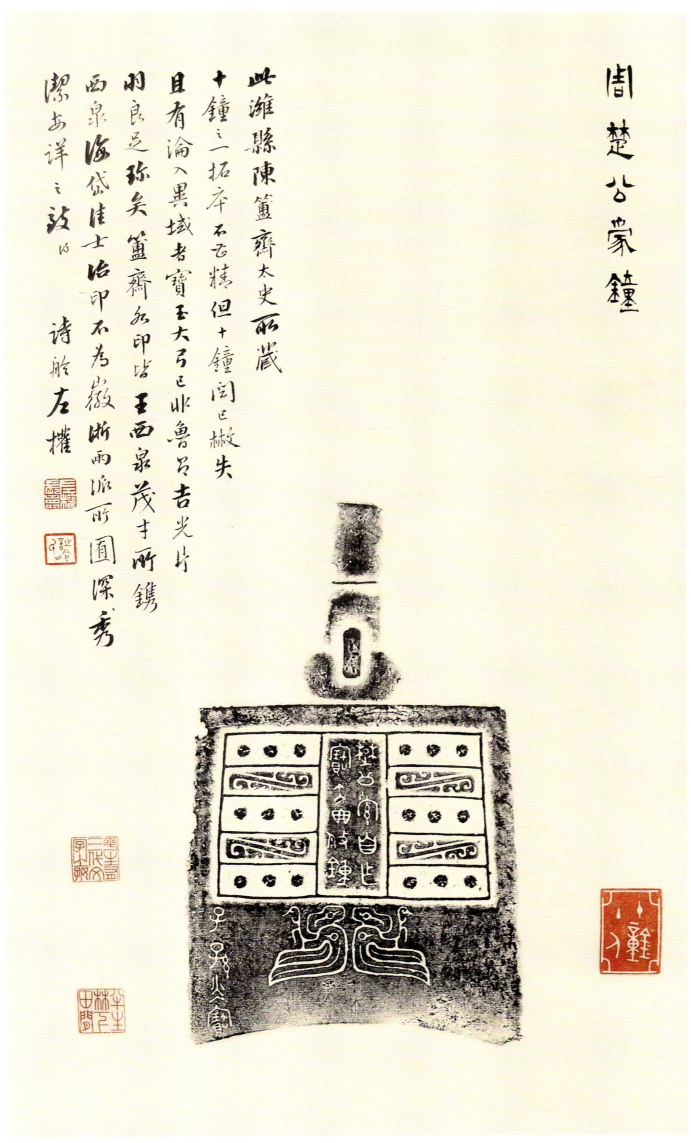

卷軸裝　畫芯縱 69、橫 32 釐米　館藏號：Z1450

15

郜公敄人鐘

春秋早期鐘，長腔闊鼓式，有旋有幹，甬較短，枚較長，鼓部飾有龍紋，篆間飾有雲紋，舞部飾有雲雷紋，右鼓有一渦紋，左鼓有殘損。常熟周左季舊藏，後歸劉體智，現藏上海博物館。

銘文 20 餘字，其文曰：

> 唯郜正二月，郜公敄人自作奏鐘，用追孝
> 于厥皇祖哀公、皇考振公、用祈眉壽，萬年
> 無疆，子子孫孫，永寶用之。

郜國，春秋時期一個弱小的諸侯國，位於秦國和楚國之間，國君爲允姓，其都城最初在商密，稱爲「下郜」，後又遷往今湖北宜城，稱爲「上郜」，郜國最終爲楚國吞併。

見載於《商周青銅器銘文暨圖像集成》27 冊，編號 15189。

郜公敄人鐘

潘飛聲藏本

此拓本爲潘飛聲敬賀甘翰臣先生六十大慶之壽禮，係民國七年（1918）王秀仁手拓。鈐有「番禺潘蘭史審定金石書畫印」印章。

潘飛聲民國七年（1918）題記：

> 郜公鐘藏常郡周氏，戊午（1918）新春屬
> 仁和王秀仁拓出，奉祝翰宸先生周甲大慶，
> 通家弟潘飛聲誌於寶山翦淞閣，年六十一。

潘飛聲（1858-1934），字蘭史，號劍士、心蘭、老蘭、老劍，齋名翦淞閣。廣東番禺人。善詩詞書畫，與羅癭公、曾剛甫、黃晦聞、黃公度、胡展堂並稱爲「近代嶺南六大家」。著有《說劍堂詩集》《在山泉詩話》《西海紀行卷》《飲瓊漿館詞》《天外歸槎錄》《羅浮紀遊》等。

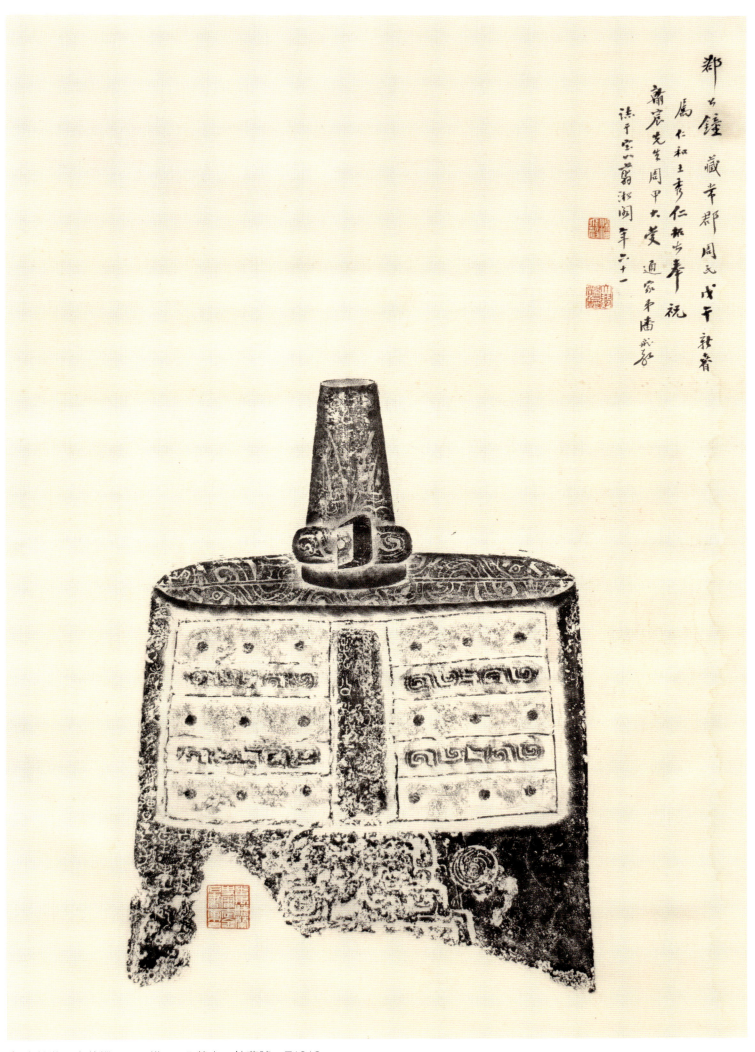

郘鐘　藏本郡周氏戊午秋脩

屬仁和王秀仁蔽者奉

蕭庇先生周甲大慶　祝

洪于宮小篆澍闿年二十一

通家申藩敬摹

卷軸裝　畫芯縱 133、橫 65.5 釐米　館藏號：Z1312

兮仲鐘

兮仲鐘乙

兮仲鐘，原爲西周晚期紀國編鐘八件。相傳清嘉慶乙亥（1815）江寧城外出土。紀國是商周時期諸侯國，國君爲姜姓，國都紀，位於壽光市。其銘文27字，文曰：

兮仲作大林鐘，其用追孝于皇考紀伯，

用侃喜前文人，子孫永寶用享。

兮仲鐘八件，其概況如下：

"兮仲鐘甲"（29字，重文2字），今下落不明。

"兮仲鐘乙"（27字），現藏美國舊金山亞洲藝術博物館（布倫戴奇藏品），通高62.03釐米，銑間33.02釐米。

"兮仲鐘丙"（27字），李山農舊藏，今下落不明。

"兮仲鐘丁"（27字），蔣鏡秋、李山農、李蔭軒舊藏，現藏上海博物館。

"兮仲鐘戊"（27字），舊爲諸城劉喜海藏器，後歸陳介祺，民國間流往海外，現藏日本京都泉屋博古館。通高40釐米，重12.7公斤。

"兮仲鐘己"（27字），今下落不明。

"兮仲鐘庚"（18字），嘉興姚六楡舊藏，今下落不明。

從傳世拓本可知，《兮仲鐘》共有七件，出土時即缺失一件，爲第八件（9字）。

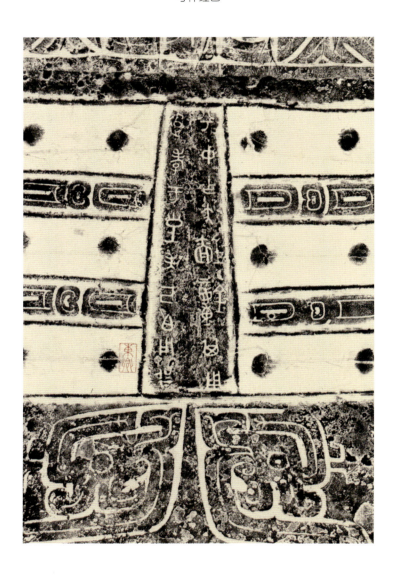

葉志詵藏本

兮仲鐘甲，長腔闊鼓，有幹有旋，旋飾有重環紋，篆間飾有大小相間的重環紋，隧部飾有夔紋。

見載於《商周青銅器銘文暨圖像集成》27册，編號15232，僅見銘文拓片，未見實物圖片。

此本從"兮仲鐘甲"拓出，爲葉志詵藏本，鈐有"閟政山人""葉志詵印""葉氏平安館審定金石文字""東卿"印章。其銘文行款與劉喜海藏器本、李山農藏器本皆不同，鉦間銘文"兮仲作大林鐘其用追孝於皇考己伯用侃"兩行，共17字，右銑銘文"喜前文人子子孫孫永寶用享"兩行，共12字。

葉志詵（1779-1863），字東卿、廷芳，晚號遂翁，齋號有平安館、怡怡草堂、師竹齋等。湖北漢陽人。清代學者、藏書家，長於金石文字之學。著有《神農本草經贊》《平安館詩文集》《簡學齊文集》等。

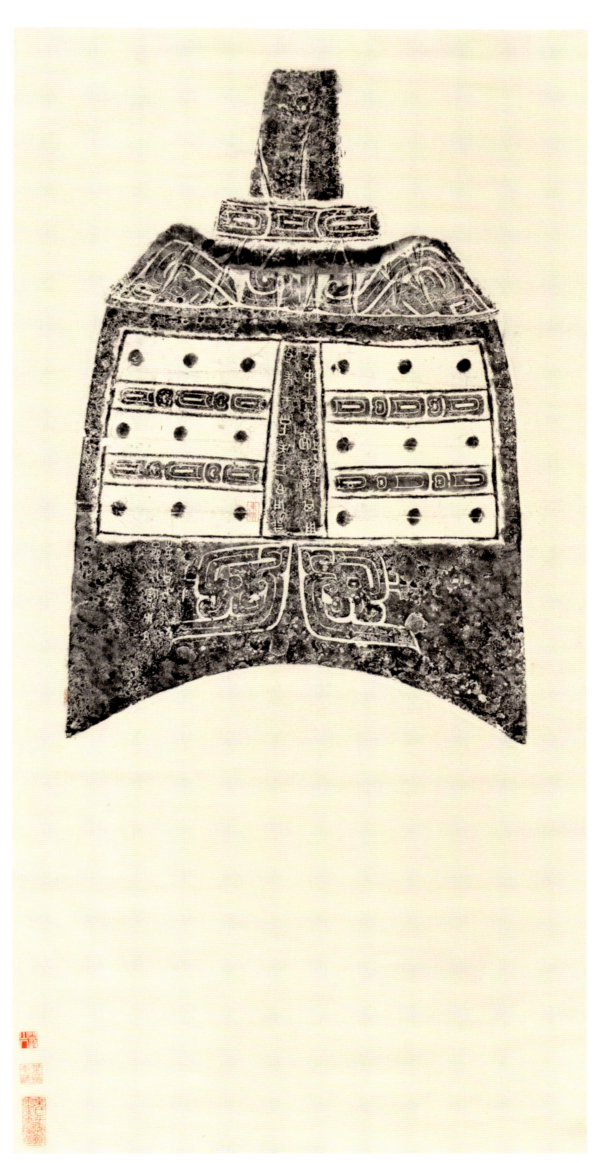

卷軸裝　畫芯縱 147.5、橫 59.5 釐米　館藏號：Z1063

王文燾藏本

　　兮仲鐘丁，長腔闊鼓，甬部斷面呈橢圓形，有幹有旋，旋飾有重環紋，篆間飾有大小相間的重環紋，隧部飾有夔紋，鼓部鳥紋爲基音點標誌。

　　見載於《商周青銅器銘文暨圖像集成》27冊，編號15235。

　　此本拓自蔣鏡秋、李山農藏器"兮仲鐘丁"，係韓小亭、王文燾遞藏，將《兮仲鐘》分而拓之，銑、于、鼓、隧、鉦、舞、甬、衡、旋、篆、枚等部皆得以展現。其銘文行款與劉喜海本不同，鉦間銘文"兮仲作大林鐘其用追孝於皇考已"2行，共14字，右銑銘文"伯用侃喜前文人子孫永寶用享"3行，共13字。拓本留有民國九年（1920）王文燾釋文與題記。

　　拓本左中側，有王文燾題記：

　　　　右《兮仲鐘》銘文二十七字，鉦間十四字，兩行，行七字。右銑三行，兩行四字，一行五字，共十三字。右銑一鸞形。爲武林韓氏（韓小亭）舊拓，與《愙齋》載李山農觀察藏器文同，與《攈古》著錄者異。此本第五字作"簪"，與他本略有不同，孫中容（孫詒讓）釋爲"牆"字異文，"寶"爲"簪"之倒文，器又爲鐘，銘故從"金"，又證以堵、鍺（邾公牼鐘）、肆、鎛（齊侯壺），尤爲精審，今從之。此拓本凡銑、于、鼓、舞、甬、衡、旋、幹、篆、枚全形均具，亦拓本之罕見者。宣統十有二年（1920）暮春，華陽王文燾識於椿蔭簃。

　　王文燾，字君覆，號叔廔、瑟公。四川華陽人，王秉恩之子。清末民初學者，子承父業，喜金石，富藏書。著有《椿蔭宦初草》《鹽鐵論校記》《春秋左氏古經》等。

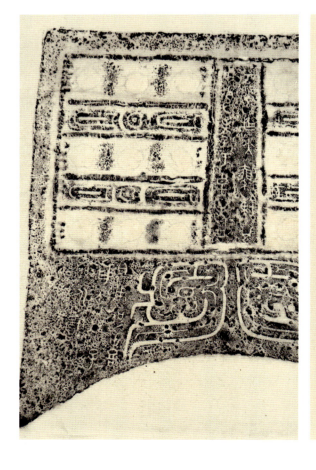

兮仲鐘丁

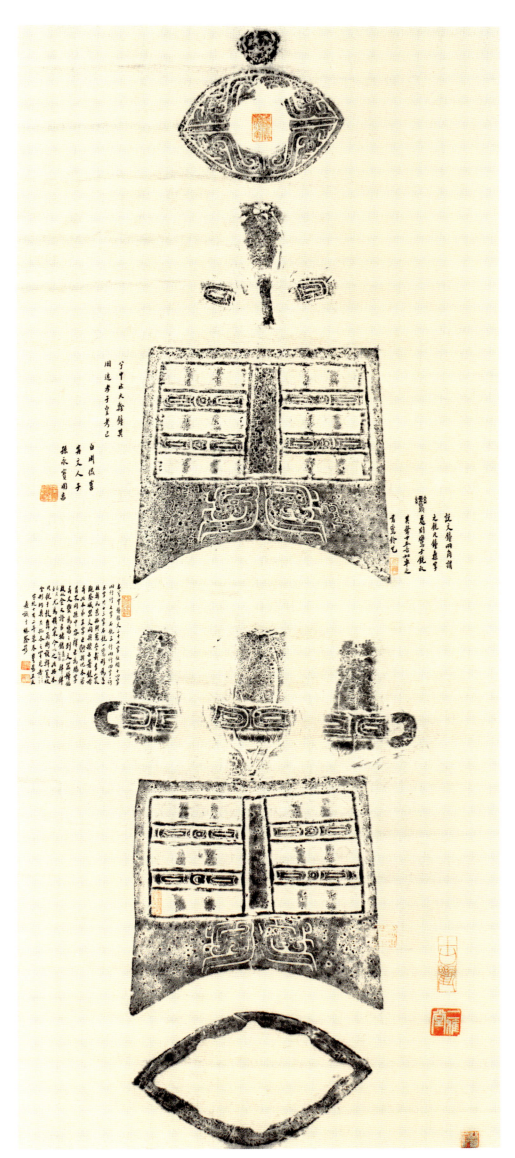

卷軸裝　畫芯縱 137.5、橫 57 釐米　館藏號：Z2181

陳介祺拓本

兮仲鐘戊，長腔闊鼓，甬部斷面呈橢圓形，有幹有旋，旋飾有重環紋，篆間飾有大小相間的重環紋，隧部飾有夔紋，鼓部鳥紋爲基音點標誌。

見載於《商周青銅器銘文暨圖像集成》27冊，編號15236。

此爲陳介祺拓本，此本右欒有簠齋小印，從"兮仲鐘戊"拓出，鉦間銘文"兮仲作大林鐘其用追孝於皇考"2行，共13字，左鼓銘文"巳伯用侃喜前文人子孫永寶用享"4行，共14字。民國九年（1920）王文燾得於上海。卷軸裝，鐘正反兩面拓本，留有王文燾釋文與題記。

兮仲鐘戊

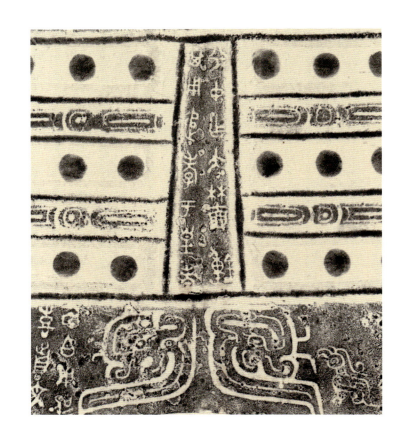

《兮仲鐘》正面拓片之右上方，王文燾過録《愙齋集古録》跋語：

> 兮仲疑義仲之省，《説文》兮，語所稽也，從"丂""八"，象氣越于也。又云：義，氣也，從"兮"，"義"聲，"兮""義"二字音義皆相近。或云："兮""猗"二字，古通。《禮記·大學》"斷斷兮"，疏：是語辭，《古

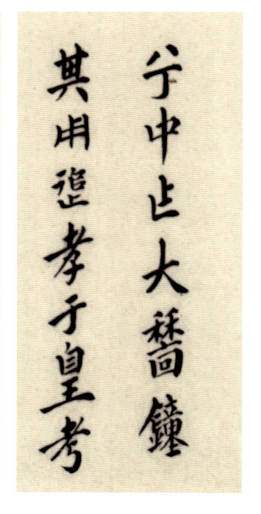

兮中止大蘭鐘其用歱孝于皇考

兮仲疑義仲之省，《説文》兮，語所稽也，從"丂""八"，象气越于也。又云：義，气也，從"兮"，"義"聲，"兮""義"二字音義皆相近。或云："兮""猗"二字，古通。《禮記·大學》"斷斷兮"，疏：是語辭，或云尚書分爲猗，《説文》斷字下引周書曰帍帍猗，詩伐檀河水清且漣猗，漢石經猗作兮，史記貨殖傳有猗頓，玉篇猗氏縣或古有猗姓。其兮中之後，與大琴與琥末大琴鐘同，侃樂兒也，論語鄉黨侃侃如也，集解引孔注侃侃和樂兒，前文人見書文佚之追孝于前文人，詩江漢告於文人，毛傳云前文人文德之人也，書大誥前寧人皆當此，兮中鐘云用侃侃，書大誥前寧人皆當止前文人，文德之人也。書大誥前寧人皆當此，相類者漢儒誤釋寧爲寧，光末民鐘云用喜侃皇考，此鐘云用侃喜，前文人皆追享之詞，即邵鐘樂我先祖之意也。

右愙齋集古録跋語 文燾録

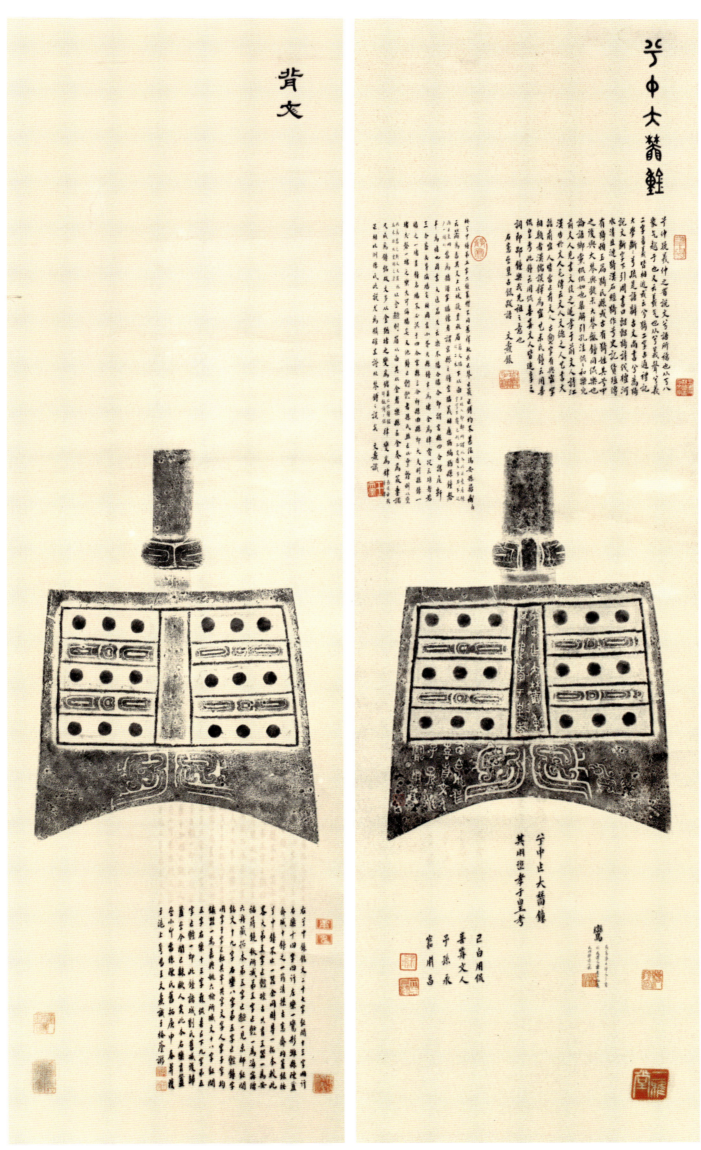

裝成二軸　每軸畫芯縱 118、橫 33.5 釐米　館藏號：Z2144

兮中鐘第五字六鐘篆體不同舊釋林或止棽止簇止鎛均不甚似瑞安孫籀廎音

云鸞爲嗇異文上從林疑是秝省（籀文牆從二禾下從向上從人即許所謂從入此正象屋棟宇穹下覆之刑不定屬入字不從戶一牖形）當爲牆借字牆鐘者謂宮縣之鐘宮牆義相應猶編縣鐘磬半爲堵也周書大匡篇亦云樂不牆合即謂宮縣四合諸侯軒

三合蓋大夫偏牆矣按周官小胥凡縣鐘半爲堵全爲肆賈疏云堵者若牆之一堵是鐘名牆不必泥于四合宮縣三合軒縣曲縣即大夫判縣鐘一堵磬一堵之樂夫可偏牆又他鐘止繫者孫氏止止從彙軙則從彙爲禾非從彙賜之彙則尚從向其从金者樂縣呂金奏爲肆重譜

此鸞爲嗇之到文人眉孫從金猶堵之變爲錯爲鐘銘故文多从金猶堵之變爲鐘

正相此例孫氏此說尤爲精確正證林棽鎛之誤矣　文燾識

文尚書》"分"爲"狥",《説文》斷字下引《周書》"日詔詔狥",《詩·伐檀》:"河水清且漣狥"。《漢石經》"狥"作"分",《史記·貨殖傳》有"狥頓",《玉篇》"狥氏縣",或古有"狥"姓,其分中之後與。

"大棽"與《虢叔大棽龢鐘》同,侃樂也。《論語·鄉黨》侃侃如也,《集解》引孔注:侃侃,和樂貌。

"前文人"見《書》文侯之追孝于前文人,《詩·江漢》"告於文人",《毛傳》云:"文人,文德之人也",《書·大誥》"前寧人",皆當作前文人,古"◎"字有與"寧"字相類者,漢儒誤釋爲"寧"也,《叔氏鐘》云:"用喜侃皇考",此鐘云:"用侃喜前文人",皆追享之詞,即《邵鐘》樂我先祖之意也。

正面拓片之左上方,王文燾題記:

按:兮仲鐘第五字,六鐘篆體不同,舊釋"林",或作"棽"作"簇"作"鎛",均不甚似。瑞安孫籀廎(孫詒讓)云:"鸞"爲"嗇"異文,上從"林",疑是"秝"省(籀文"牆"從二"禾"),下從"向"(上從"人",即許所謂從"入",此正象屋棟宇穹下覆之形,不定屬"入"字,下從"兩",正象兩戶一牖形),當爲"牆"借字,"牆"鐘者,謂宮懸之鐘,宮牆義相應,猶編懸鐘磬,半爲堵也。《周書·大匡篇》亦云"樂不牆合","牆合"即謂"宮懸四合,諸侯軒三合,蓋亦得稱牆矣。按:《周官·小胥》"凡懸鐘半爲堵,全爲肆",賈疏云:"堵者,若牆之一堵。是鐘名牆,不必泥于四合宮懸,三合軒懸,曲懸即大夫判懸鐘,一堵磬,一堵之樂,亦可稱牆

24

矣。又他鐘作"䤼䤼"者，孫氏並作"䤼"則從"橐"（此爲"蕡"之倒文，又省"秝"爲"禾"，非從橐賜之"橐"），從"金"，"䤼"則省從"亯"，其從"金"者，樂懸以金奏爲最重，諸又咸爲鐘銘，故文多從"金"，猶"堵"之變爲"鐌"（郏公牼鐘鑄辭鯀鐘二鐌），"肆"變爲"銉"（齊侯壺鼓鐘二銉），足相比例，孫氏此説尤爲精確，足證林苳鎛之誤矣。文燾識。

《兮仲鐘》背面拓片下方，王文燾題記：

　　右《兮仲鐘》銘文二十七字，鉦間十三字，兩行，右樂十四字，四行，左樂一鸞形。濰縣陳簠齋藏十鐘之一，《筠清》《攈古》《愙齋》均著錄。按：《兮仲鐘》不止一器，余同時得一拓本，較此略大，第五字作"䤼"，《攈古》共有五器，一爲安福蔣鏡秋所藏，第五字作"䤼"。一爲海寧僧六舟藏拓本，第五字作"䤼"。一見京師鉦間銘文十九字，右樂八字，第五字作"䤼"，"鐘"字、"用"字、"于"字已蝕其半，"其"字、"文"字、"人"字、"子"字均鏽蝕。一爲嘉興姚六楡所藏，文十八字，鉦間五字，右樂十三字，無"侃喜"以下九字，第五字作"䤼"，一即此鐘，諸城劉氏舊藏，後歸簠齋，今聞已歸歐人矣。此本右樂有簠齋小印，當係陳氏舊拓。庚申（1920）春暮獲于滬上，華陽王文燾識於椿蔭簃。

邿公鈼鐘

邿公鈼鐘，春秋晚期甬鐘。旋飾有交龍紋，以圓餅紋間隔，幹飾有獸首，枚作兩層臾形，鼓部飾有相背式變形龍紋，龍體鏤刻極細幾何綫條，通高50.5、舞縱15.9、舞橫20.3、鼓間19.3、銑間25.3釐米，重25.58公斤。舊爲許延暄、丁麟年收藏，後輾轉歸端方所有，現藏上海博物館。

銘文36字鑄於鉦部和鼓部。釋文如下：

陸融之孫邿公鈼作厥穌鐘，用敬恤盟祀，祈年眉壽，用樂我嘉賓，及我正卿，揚君靈，君以萬年。

按："邿公鈼"或釋文"邿公釛"。

見載於《商周青銅器銘文暨圖像集成》27冊，編號15275。

葉銘藏本

此爲許延暄舊藏本，後經魏錫曾、陳經、葉銘遞藏。存有光緒二十九年（1903）吳昌碩題端，鈐有"錫曾審定""稼孫所得金石""荊峴得意""漢軍許氏延暄所藏古器""陳經審釋金石文字記""曾歸錦軒"等印章，另有王福庵、吳樸題跋。

葉爲銘(1866-1948)，又名葉銘，字盤新，又字品三，號葉舟。徽州新安人，居浙江錢塘（今杭州），西泠印社創始人之一。有《廣印人傳》《歙縣金石志》《八九回憶記》《葉氏存古叢書》傳世。

吳昌碩題端：

邿公釗鐘。葉舟仁兄金石家索題四字。癸卯（1903）春仲，吳俊卿。

王福庵題記：

此鐘高一尺二寸八分，角高八寸，徑三寸三分，兩舞相距九寸一分，橫八分三寸，兩銑相距一尺一分，橫九寸二分。器舊藏涇陽端午橋家，今已不知何往，此紙尚由端氏拓出者，可寶也。福庵王壽祺記。

王福庵，原名壽祺（1880-1960），更名禔，字維季，號福庵，以號行，70歲後自號持默老人。浙江仁和人。近代篆刻大家，西泠印社創始人之一。有《王福庵書說文部目》《福庵所藏印存》《麋研齋印存》等傳世。

吳樸題記：

此鐘舊釋邿公釗鐘，誤。今審"鈼"從"金"從"毛"，非"刀"也。當作"鈼"，以聲類求之，乃鉏之古字，不知錦軒仁兄鑒家以爲然否？乙酉（1945）季春吳樸。

吳樸堂（1922-1966），原名樸，字樸堂，號厚庵。浙江紹興人。西泠印社早期社員，王福庵弟子。著有《小鈦匯存》。

此鐘舊釋邿公釗鐘誤今審新從金从毛非刀也當作鈼以聲類求之乃鉏之古字不知錦軒仁兄鑒家以爲然否乙酉季春吳樸

此鐘高一尺二寸八分角高八寸徑三寸三分兩舞相距九寸一分橫八寸三分兩銑相距一尺一分橫九寸二分器舊藏涇陽端午橋家今已不知何往此紙尚由端氏拓出者可寶芒福盦王壽祺記

卷軸裝　畫芯縱 69、橫 43 釐米　館藏號：Z1608

黃廷榮拓本

　　端方藏器，黃廷榮（少穆）精拓本，鈐有"少穆拓"印章，上爲銘文拓本，下爲全形拓本。

　　清末，端方所藏鐘鼎彝器全形拓本，多出自黃廷榮之手，此拓可見黃廷榮高超的全形拓技藝，鼓部龍體鏤刻極細幾何綫條亦清晰可見。

　　黃廷榮 (1879−1953)，單名黃石，小名多聞，字問經，號少牧、少穆、肖牧、石蠹居主、黟山老農。安徽黟縣人，黃士陵之子。善繪拓彝器，所作全形分陰陽向背，《陶齋吉金錄》半出其手。

邾公剑鐘

卷軸裝　畫芯寬 60.5、高 133 釐米　館藏號：Z1515

陳景陶藏本

陳景陶藏本，鈐有"陳氏吉金""愨齋藏三代器""松窗審定"，與原器對照，銘文筆畫且損泐情況亦不同，鼓部龍體綫條差異明顯，顯然是翻刻本，頗具版本參考價值，故附錄於此。

陳景陶，字漁春，號愨齋。浙江奉化人。清末民初碑帖鑒賞家，富碑帖書畫收藏，館藏《董美人墓誌》（關中淡墨初拓本）舊爲陳景陶藏品。

卷軸裝　畫芯縱 133、橫 50.5 釐米　館藏號：Z1614

井人妄鐘（一）

井人妄鐘（二）

井人妄鐘，舊稱"邢人鐘"，西周晚期器，存世有四件，依銘文字數可分：44字者二件，47字者一件，49字者一件。

銘文44字者，爲井人妄鐘銘文之上篇，存世有兩件：

其一爲劉喜海、陳介祺遞藏，現藏日本京都泉屋博古館，此器乾隆年間出土。

其二爲吳大澂、潘祖蔭遞藏，現藏上海博物館，據西泠己亥春拍所見《井人鐘》吳大澂跋本可知，此器光緒十五年（1889）與小克鼎同時出土。

上篇銘文：

井人人妄曰：覬淑文祖、皇考克哲厥德，得純用魯，永終于吉，妄不敢弗帥用文祖、皇考，穆穆秉德，妄憲憲聖爽，壴處。

銘文47字者，爲井人妄鐘銘文之下篇，上下篇文字連讀。此器爲潘祖蔭、端方舊藏，現藏日本東京書道博物館。

下篇銘文：

宗室，肆妄作穌父大林鐘，用追孝侃前文人，前文人其嚴在上，散散龔龔，降余厚多福無疆，妄其萬年，子子孫孫永寶用享。（此爲井人妄鐘銘文之下篇）

銘文49字者，與47字鐘文字基本相同，唯"宗室"前多一"處"字，1966年陝西扶風縣黃堆公社齊鎮出土，現藏周原博物館。

以上四鐘，見載於《商周青銅器銘文及圖像集成》27冊，編號15320-15323。

楊繼震藏本

此本銘文爲44字者，係劉喜海、陳介祺遞藏器拓本，鈐有"十鐘山房藏鐘"印章，後歸楊繼震，鈐有"半緣道人楊繼震蓮公父平生清玩漢唐古碑宋元類帖旁及吉金秘籍悅之殉死性命以之"印章，再歸王秉恩息塵庵收藏。外簽：

十鐘山房林鐘拓本立軸。息塵庵藏。

陳介祺藏鐘，見載於《商周青銅器銘文及圖像集成》27冊，編號15322。

楊繼震（1820-1901），字幼雲，號蓮公，別署半緣道人。漢軍鑲黃旗人，官至工部郎中。晚清金石、碑帖、泉幣鑒藏家。輯有《安邑六種古幣精選》。

王秉恩（1845-1928），字雪澂、雪塵、雪岑、雪丞、息存、息塵等，號茶龕、東西南北之人。四川成都人。清末民初藏書家。

井人妾鐘（三）　　　　　　　　　　　　井人妾鐘（四）

卷軸裝　畫芯縱 128、橫 65 釐米　館藏號：Z1148

子璋鐘

子璋鐘丙

子璋鐘丁

春秋晚期編鐘，見有七件，前五件銘文爲 46 字（其中重文 4 字），另兩件，一件銘文 24 字（重文 2 字），一件爲 22 字（重文 2 字）。

甲鐘，現不知下落，僅見拓片。

乙鐘，程木庵舊藏，現不知下落。

丙鐘，汪心農、張西齋、張廷濟遞藏，現藏上海博物館。

丁鐘，現藏上海博物館。

戊鐘，裴景福、趙時棡、劉體智遞藏，現藏臺北故宮博物院。

己鐘，現藏上海博物館。

庚鐘，現不知下落，僅見拓片。

銘文釋文：

唯正十月，初吉丁亥，群孫斨子璋，子璋擇其吉金，自作龢鐘，用宴以饎，用樂父兄、諸士，其眉壽無期，子子孫孫，永保鼓之。

王文燾藏本

此爲王文燾椿蔭簃藏本，民國十年（1921），王文燾得自安徽霍邱裴氏壯陶閣所藏《子璋鐘戊》，正、反兩面拓本。拓本上還鈐有王秉恩（王文燾之父）"雪岑審定金石文字印""華陽王氏懷六堂所藏經籍金石書畫印"。

王文燾外簽：

壯陶閣藏，辛酉夏得拓。

子璋鐘戊，闊腔短鈕淺于式鈕鐘。通高 20.4、鼓間 13.3、銑間 13.5 釐米，重 2.675 公斤。

見載於《商周青銅器銘文暨圖像集成》27 册，編號 15328。

拓片正面民國辛酉（1921）有王文燾題記：

子璋鐘傳世有五，見著録者三，此霍邱裴氏壯陶閣所藏，未見著録，辛酉（1921）夏日，

游惠麓，得拓于裴岱雲太守。文燾識。

拓片背面有民國壬戌（1922）王文燾釋文并記：

（釋文略）文自鉦間至鼓右轉至鼓左，均右行，共四十五字，"無基"即"無期"，假借文。宣統壬戌秋七月，文燾釋記。

按：王文燾所云"四十五字"，可能是"子璋"之重文而漏計。

裴景福(1854-1924)，字伯謙，又字安浦，號睫闇，室名"壯陶閣"。安徽霍邱縣人。清末民初鑒藏家，著作有《壯陶閣書畫録》《河海昆崙録》《睫闇詩抄》等，輯刻有《壯陶閣帖》。

王文燾題記"岱雲太守"即裴祖澤，字岱雲，疑爲裴景福之子。此鐘背面拓本鈐有"祖澤字岱雲"印章。

子璋鐘戊

子璋鐘己

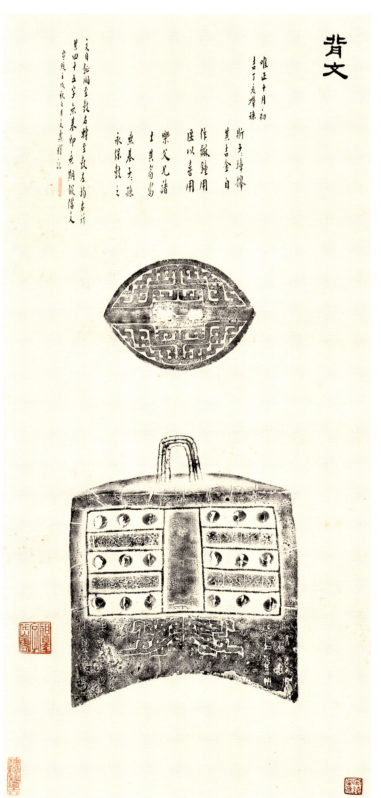

背文

子璋鐘

唯正十月初
吉丁亥摩摩
斯夫璋擇
其吉金自
作龢鐘用
匽以喜用
樂父兄諸
士其旂昌
無其天祿
永保鼓之

卷軸裝　畫芯縱 64、橫 28.5 釐米　館藏號：Z1528

邾公牼鐘

西周晚期編鐘，作器者邾牼爲邾定公之長子，世稱"邾宣公"。邾即鄒，邾國相傳爲顓頊後裔挾所建，領地在今山東省費、鄒、滕、濟寧、金鄉諸縣地，建都於邾（今山東省曲阜東南陬村）。

清代"邾公牼鐘"在山東省鄒縣出土，現存四件，

邾公牼鐘甲（56 字），阮元舊藏，現藏北京故宮博物院。

邾公牼鐘乙（57 字），馮桂芬舊藏，現藏南京博物院。

邾公牼鐘丙（57 字），曹秋舫、吳雲、端方遞藏，現藏上海博物館。

邾公牼鐘丁（55 字），今下落不明。

鉦間和鼓部鑄銘文，其文曰：

> 唯王正月初吉，辰在乙亥，邾公牼擇厥吉金，玄鏐鎬鋁，自作龢鐘，曰：余畢龏威忌，鑄以龢鐘二鍺，以樂其身，以宴大夫，以饎諸士，至於萬年，分器是持。

吳湖帆跋本

此爲邾公牼鐘乙，爲吳中馮桂芬舊藏，鉦間和鼓部鑄銘文 57 字，曾被譽稱"江南三寶之一"（無更鼎在焦山，王子吳鼎在虎丘），後歸鄧尉山聖恩寺收藏，成爲"鎮寺之寶"。聖恩寺從不輕易示人，祇在每年正月初九，纔拿出與香客見面。抗日戰爭時期，蘇州淪陷，聖恩寺主持融宗法師將"邾公牼鐘"沉入山中深井秘藏。1949 年蘇州解放後，重新打撈出井，並轉交由南京博物院珍藏。

見載於《商周青銅器銘文暨圖像集成》28 冊，編號 15422。

此本爲鄧尉山聖恩寺方丈拓贈，卷軸天頭有吳湖帆篆書題端"周邾公牼鐘"五個大字，其後落款小字"器藏鄧尉聖恩寺，庚申（1920）四月，松樵僧拓贈。孟雲姻丈屬題，湖帆篆。"

吳湖帆落款中所提"孟雲"者，是吳湖帆的姻親長輩，姓胡名瑋，字孟雲。江蘇武進人，曾宦蜀中。民國後居蘇州，能詩，擅花卉，精鑒藏。民國庚申（1920）北遊時，遭馬匹踐踏而亡。此外，吳氏落款中的"松樵僧"即鄧尉山聖恩寺方丈。

另據《吳湖帆年譜簡編》記載，民國庚申（1920）三月，二十七歲的吳湖帆，跟隨父親吳訥士、叔父吳漁臣、表兄陳子清同遊城西玄墓山聖恩寺，聽方丈松樵論禪，觀寺內藏書古器物。聖恩寺地處太湖之濱的光福鎮鄧尉山，距城七十里許，此地古木參天，湖光山色，景物秀麗。因後晉青州刺史郁泰玄墓葬於南峰，故得名"玄墓山"。此件松樵方丈拓贈的《周邾公牼鐘》拓片，恰好見證了吳湖帆當年遊聖恩寺的經歷。同年四月，吳湖帆將此份拓片轉贈給胡孟雲。

其中央爲《邾公牼鐘》銘文拓片，下端另有民國九年（1920）吳湖帆時年二十七歲所作題跋：

> 此鐘與兩罍軒所藏邾公牼鐘，《積古齋》所載周公望鐘同文。"鼄"即《說文》"黿"字，古"邾"字，舊釋"周"，非是。阮鐘"牼"字反文作"巠"，誤釋爲"望"字。正月之"正"爲銅鏽所掩，誤作"九"，兩罍一鐘後歸涇陽端忠敏公家。庚申四月，吳萬識。

吳湖帆（1894—1968），初名翼燕，字遹駿，後更名萬，又名倩，齋號醜簃、梅景書屋、四歐堂等。江蘇蘇州人，吳大澂嗣孫。鑒藏家，丹青高手，在中國畫壇有"南吳（湖帆）北張（大千）"之譽。著有《梅景書屋書畫目錄》《梅景書屋詞集》《梅景書屋畫集》《襲美集》《佞宋詞痕》等。

郘公牼鐘

盂雲姻丈屬題湖帆篆

囗藏鄧尉
聖恩寺庫
申四月松
樵僧拓贈

郘公牼鐘甲

郘公牼鐘丙

佳王正月初吉辰在乙亥
郘公牼擇乃吉金玄鏐
䥬呂自作龢鐘曰翼余
龔威忌鑄辝龢鐘二鍺
台樂其身台安大夫台
喜諸士至于萬年夫器
是寺　第三行金翼二字誤倒

此鐘與兩罍軒所藏郘公牼鐘
積古齋所載周公望鐘同文
即譣文末題字古郘字蕭釋周作
是院鐘牼字反文作聖誤釋為
望宮正月之正爲銅綉所掩誤
作几兩罍一鐘後歸偃陽瑞
忠敏公家　庚申甲冑吳蔭識

| 卷軸裝　畫芯縱123、橫35.5釐米　館藏號：Z1449

士父鐘

士父鐘甲

士父鐘乙

士父鐘丙

士父鐘，舊稱"叔氏鐘"，西周晚期器，傳世見有四件。

甲鐘，葉志詵（東卿）舊藏，現藏湖南博物館。通高48.8、銑間28.2、鼓間19.8釐米。

乙鐘，趙時棡（叔孺）舊藏，後藏頤和園，現藏北京故宮博物院。通高45.2、銑間26釐米，重17.08千克。

丙鐘，原藏頤和園，現藏北京故宮博物院，重15.04千克。

丁鐘，曾經翁樹培（宜泉）、瞿世瑛（穎山）遞藏，現下落不明。

以上四器見載於《商周青銅器銘文暨圖像集成》28冊，編號15496－15499。

士父鐘鉦間與鼓部銘文67字（重文5字）。其文曰：

□□□□作朕皇考叔氏寶林鐘，用喜侃皇考。皇考其嚴在上。斁斁爽爽，降余魯多福无疆，唯康祐純魯，用廣啟士父身，擢于永命。士父其暨□姬萬年，子子孫孫永寶用于宗。

但不知何故，所見四鐘之拓本，其銘文首行其首4字皆磨滅。

曾見"士父鐘丁"拓本兩件，皆從翁樹培（宜泉）藏器上拓出。

張廷濟藏本

此本"士父鐘丁"經張廷濟、萬中立（梅巖主人）遞藏。

有光緒廿九年（1903）漢陽萬中立外簽題：

叔氏寶琹鐘，清儀閣藏本，當日器在北平翁氏。梅巖主人得於松江沈氏，時光緒癸卯（1903）。

拓本內鈐有文鼎（後山）、張廷濟（叔未）印章。

萬中立（1861－1907），原名立，字欣陶，號梅巖、梅厓。湖北漢陽人。光緒癸巳（1893）舉人，官江蘇候補道，好藏彝器、碑帖，時有甲東南之譽，身後墓誌銘出自端方之手筆。

叔氏寶琹鐘清儀閣藏本當日器在北平翁氏某盦嚴主人得于松江沈氏時光緒癸卯

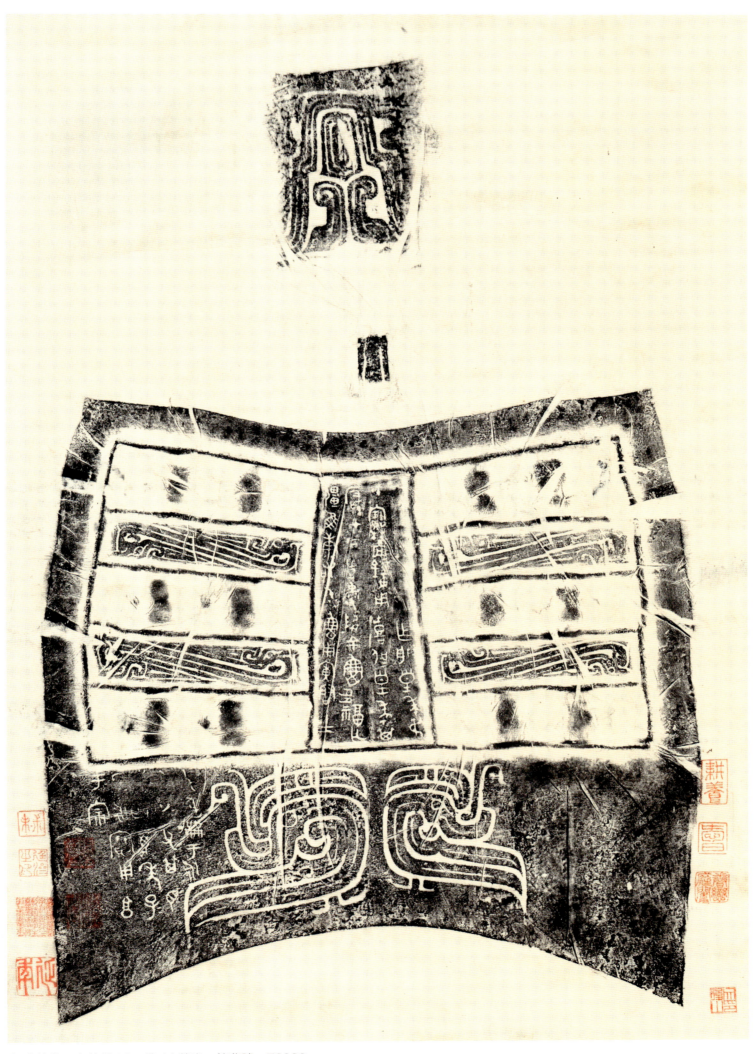

卷軸裝　畫芯縱 63、橫 44 釐米　館藏號：Z2338

葉志詵藏本

"士父鐘丁"，葉志詵、費念慈遞藏本，內有葉志詵（東卿）題端："此爲翁宜泉比部藏，説具《積古齋款識》。"拓片鈐有"寶鐘金鑑之長""簿正祭器""毛廬藏古"印章。費念慈題外簽："叔丁寶桑鐘，翁宜泉藏器，葉東卿題字"。上海圖書館 1960 年 6 月 30 日購自慶雲堂。

葉志詵家藏有"士父鐘甲"，此爲葉氏"士父鐘丁"

的題端，僅寥寥數字，雖無一言評價之詞，然亦頗有參照意義。

葉志詵（1779-1863），字東卿、廷芳，晚號遂翁，齋號有平安館、怡怡草堂、師竹齋、簡學齋等。湖北漢陽人。官國子監典簿、兵部武選司郎中。清代金石家、藏書家。著有《平安館詩文集》《簡學齋文集》。

鐘

此為翁宜泉比部藏玩具積古齋拓藏

葉志詵藏

邵鐘

邵鐘，又稱"邵黛鐘"，春秋晚期編鐘。清同治初年山西榮河縣后土祠旁河岸出土。共有十三枚，曾經金蘭坡、潘祖蔭遞藏。最大者高43釐米，重9千克，最小者24.5釐米，重2.59千克。各鐘銘文皆爲86字（其中重文2字），其字形極小，爲鐘鼎銘文中罕見。其中第四件現藏臺北故宫博物院，第九件現藏英國倫敦大英博物館，第十三件今下落不明。其餘十件爲李蔭軒、邱輝先生捐贈給上海博物館。

其銘文曰：

> 唯王正月初吉丁亥，呂緣曰：余畢公之孫，呂伯之子，余頡罔事君，余狩孔武，作爲余鐘，玄鏐鎬鋁，大鐘八肆，其寵四堵，嬌嬌其寵，既伸暢虞，大鐘既懸，玉錞驫鼓，余不敢成驕，我以享孝，樂我先祖，以祈眉壽，世世子孫，永以爲寶。

王同愈拓本

此爲邵鐘之十一，通高25.6、舞縱9.3、舞橫11.6、鼓間10.8、銑間13.1釐米，重2.78千克。見載於《商周青銅器銘文暨圖像集成》28册，編號15580。

此本爲王同愈（勝之）手拓，原爲徐熙新畫扇齋藏品，後由徐熙（翰卿）轉贈楊峴。

上方有吳大澂光緒戊子（1888）元旦"邵鐘"篆書兩字題端。

下方存光緒十四年（1888）九月楊峴題記：

> 戊子秋九月，徐君翰卿持贈，花紋極細，字小如蠅，精品也。

鈐有王同愈"勝之手拓"和徐熙"新畫扇齋""月華"兩人印章。

王同愈（1856-1941），字文若，號勝之，又號栩緣。江蘇元和人。光緒十五年（1889）進士，歷官江西學政、順天鄉試考官、湖北學政。清末民初藏書家、文博鑒賞家。工書擅畫，精工絕俗，著有《說文檢疑》《栩緣隨筆》《栩緣畫集》等。

楊峴（1819-1896），字庸齋、見山，號季仇，晚號藐翁，自署遲鴻殘叟。浙江歸安人。咸豐五年（1855）舉人，曾任江蘇松江知府，晚清金石學家、詩人。著有《遲鴻軒文棄》《遲鴻軒詩棄》《遲鴻軒所見書畫録》。

此全形拓本拓製精工,既有立體感,又有層次感,更有光感效果,墨色濃淡相間,金屬質感躍然紙上,堪稱全形拓中之上品,更難得的是,此拓本出自晚清學者——王同愈之手。

邵鐘鐘十一(正面)

邵鐘鐘十一(背面)

| 卷軸裝　畫芯縱 87、橫 32.5 釐米　館藏號:Z1460

虢叔旅鐘

虢叔旅鐘，又名"虢叔大林龢鐘"，西周晚期編鐘，相傳清代陝西寶雞虢川司出土。虢叔旅編鐘原應有八件，前四枚大鐘，爲91字全銘，後四枚小鐘，文字則文貫意連（即將91字銘文分配到四器上）。虢叔旅鐘見於著錄者有七件，獨缺第八鐘（辛）。另，第五鐘（戊）僅見29字摹本，未見拓本流傳。

虢叔旅鐘，過去一直以收藏家的名字來命名，依器形從大到小，分別是：

甲鐘，阮元藏器，現藏北京故宮博物院。

乙鐘，張廷濟藏器，現藏日本東京書道博物館。

丙鐘，伊秉綬藏器，今不知下落。

丁鐘，潘祖蔭藏器，現藏上海博物館。

己鐘，陳介祺藏器，銘文爲26字，現藏日本京都泉屋博物館。

庚鐘，曹秋舫藏器，銘文18字，現藏山東博物館。

大鐘鐘鉦部有銘文4行，左鼓有銘文6行，共計91字。從鉦部開始順讀，其文曰：

虢叔旅曰：丕顯皇考惠叔，穆穆秉元明德，御於厥辟，得純亡愍。旅敢肇帥型皇考威儀，祗御于天子。遹天子多賜旅休。旅對天子魯休揚，用作朕皇考惠叔大林龢鐘。皇考嚴在上，翼在下，敏敏熏熏，降旅多福，旅其萬年，子子孫孫，永寶用享。

虢叔旅鐘甲

虢叔旅鐘甲，相傳出土於寶雞虢川司，或云出陝西長安河壖之中，舊爲阮元收藏。鉦間銘文4行，左鼓銘文6行，銘文從鉦部開始順讀，共計91字（其中重文5字）。通高65.4、銑間36、鼓間26.6釐米，重34.6公斤。現藏北京故宮博物院。

見載於《商周青銅器銘文暨圖像集成》29冊，編號：15584。

王仁俊跋本

　　此本係拓自阮元藏器，筆者將其名之爲"阮元藏器本"。上方爲鉦間拓本，下方爲左鼓拓本。此本爲阮恩高（阮元之孫）拓贈徐芝岫（劍庵）者，有王仁俊題記。

　　阮元藏器之銘文，是《虢叔旅鐘》四枚大鐘中文字最清晰者，其區別與其他三枚大鐘最明顯之處在於：鉦部銘文第三行"旅敢啟師型皇考威儀"之"師"右下角有近似菱形四邊形的殘損。此外左鼓有銘文第二行最後一字，即"用作朕皇考惠叔大林龢鐘"之"皇"字，爲凸出鏽斑所掩。

　　王仁俊題記：

　　　虢叔大林鐘，阮文達藏器。此西虢也，在鳳翔。"旅"訓爲"景"，鳳翔以東諸小水入雍，象景也。據《禹攸比鼎》此虢叔旅，蓋當穆王時，大棽者頌鐘也。

　　　芝岫道兄鑒，弟仁俊。

　　　儀徵徐君劍盦於庚午辛未間（1870-1871）讀書文選樓，與文達曾孫名引傳者爲同硯友，此四幅係景岑先生恩膏所贈，劍庵長于吏治，又喜金石刻畫，知得力者深矣。感菿居士。

　　王仁俊（1866-1913），一名人俊，字捍鄭、幹臣、感菿。江蘇吳縣人。曾任宜昌知府、蘇州存古學堂教務長、學部圖書局副局長兼大學堂教習。清代史學家、輯佚家、金石學家，著有《格致古微》《毛詩草木今名釋》《籀郙諮經藝》《經籍佚文》《金石三編》《遼文萃》《遼史藝文志補證》等。

　　景岑先生即阮恩高（1831-1890），字景岑，又字沂農，阮元之孫，阮孔厚之子。工書畫，精篆刻，著有《致爽軒印存》。

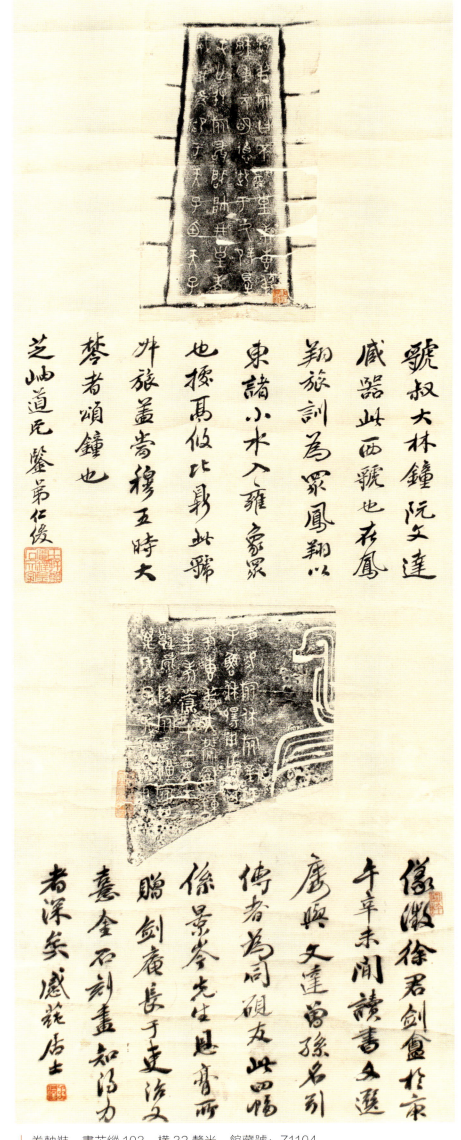

楊鐸藏本

此本爲阮恩高（阮元之孫）全形拓本，屬於"阮元藏器本"，鈐有"阮氏家廟藏器""恩高所拓金石""函青閣""石卿心賞""度心香室珍藏"等印章，爲楊鐸（石卿）藏本。

卷軸上方存同治十年（1871）九月汪根蘭隸書題端，卷軸下方過録阮元《積古齋鐘鼎彝器款識》卷三《虢叔大林鐘》題記全文，雖未署過録者姓名，但以筆跡觀之，當屬楊鐸手筆，兹不贅録。

汪根蘭（1821－1879），字稚松。江蘇盱眙人。道光癸卯（1843）優貢，知州銜河南候補知縣加運同銜，晚年定居蘇州。好填詞，精繪畫，擅隸書及篆刻，著有《秋柳詞人稿》《緑陰琴館印譜》。

楊鐸（1810－1880），又名楊奕鐸，字石卿，號石道人，齋號函青閣、度心香室等。河南商城人。曾任江蘇震澤縣令，嗜金石之學，善書畫。著有《函青閣金石記》《中州金石目録》《三十樹梅花書屋詩草》《鹽漬唱和詩草》等。

虢叔大林禾鐘蘇

石卿司馬
屬汪根蘭
題時辛未
秋九月

虢叔旅鐘甲

卷軸裝　畫心縱106.6、橫57.5釐米　下方題記縱31、橫57.5釐米　館藏號：Z2286

金邠跋本

　　此本全形拓，屬於"阮元藏器本"，鈐有"阮氏家廟藏器""藥庵"等印章，另有清同光年間金邠（邠居）隸書題端並過錄《阮氏積古齋款識釋文》。

　　金邠，字嘉采，號藥庵、邠居。江蘇長洲人。生卒年不詳，活躍在同治光緒年間。擅金石之學，著有《泉志校誤》等。

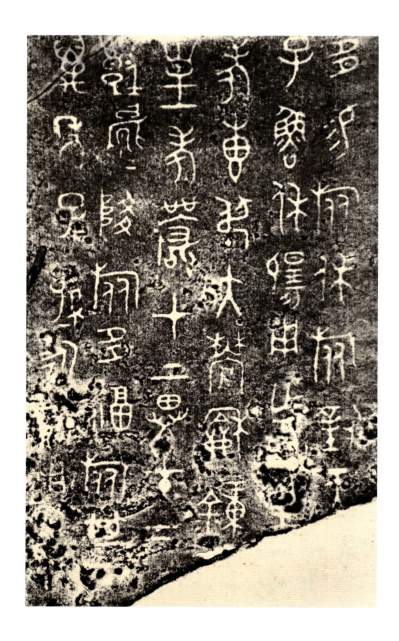

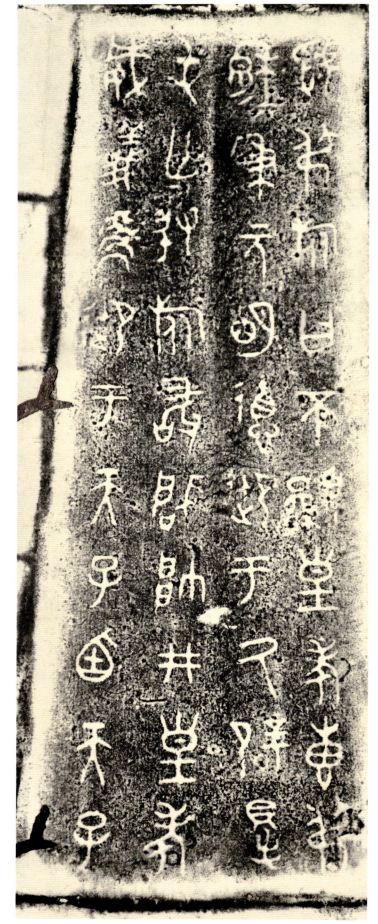

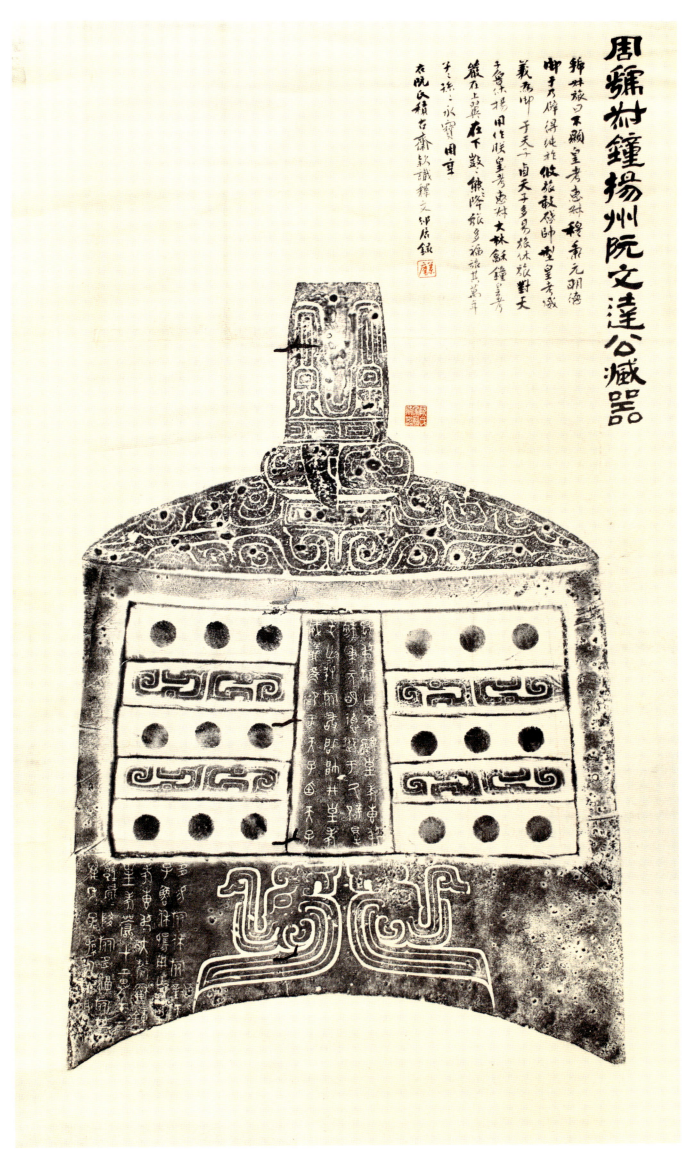

周虢叔鐘揚州阮文達公藏器

虢叔旅曰丕顯皇考惠叔穆穆秉元明德

御于厥辟得純亡敃旅敢肇帥型皇考威

義用作朕皇考惠叔大林龢鐘皇考

嚴在上異在下豐豐熊熊降旅多福旅其萬年

子子孫孫永寶用享

右阮氏積古齋款識釋文卾居錄

卷軸裝　畫芯縱 112、橫 56.5 釐米　館藏號：Z1638

六舟拓本

　　此本全形拓，爲六舟和尚拓本，屬於"阮元藏器本"，鈐有"阮氏家廟藏器""六舟所拓金石""熙年所得金石""印喜齋藏"印章。

　　此本較尋常所見阮元藏器拓本，多拓出"阮元寶用"篆書四字，此四字或鐫刻在鐘腹內，尋常拓本均漏拓之。拓本後歸趙士策（熙年），無名家題跋。

　　釋六舟，（1791-1858）又名達受，字秋楫，號寒泉、萬峰退叟、南屏退叟、滄浪亭灑掃行者、小綠天庵僧等。浙江海昌人。能書善畫、擅詩文、工鐵筆，尤專精於摹拓碑帖鐘鼎。著有《小綠天庵吟草》《寶素室金石書畫編年錄》《山野紀事詩》《南屏行篋錄》等。

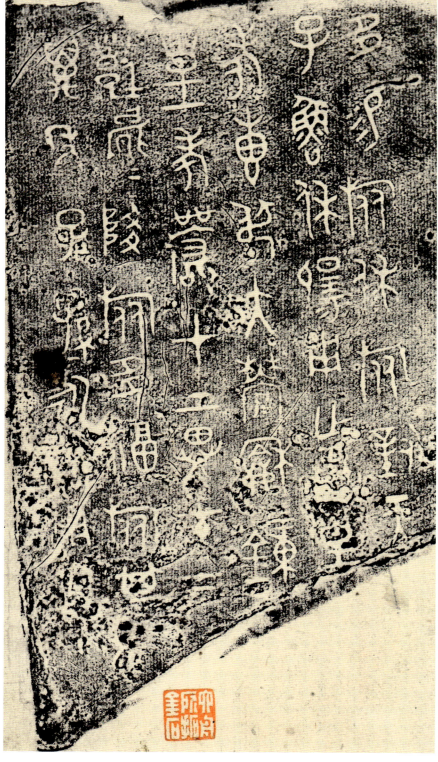

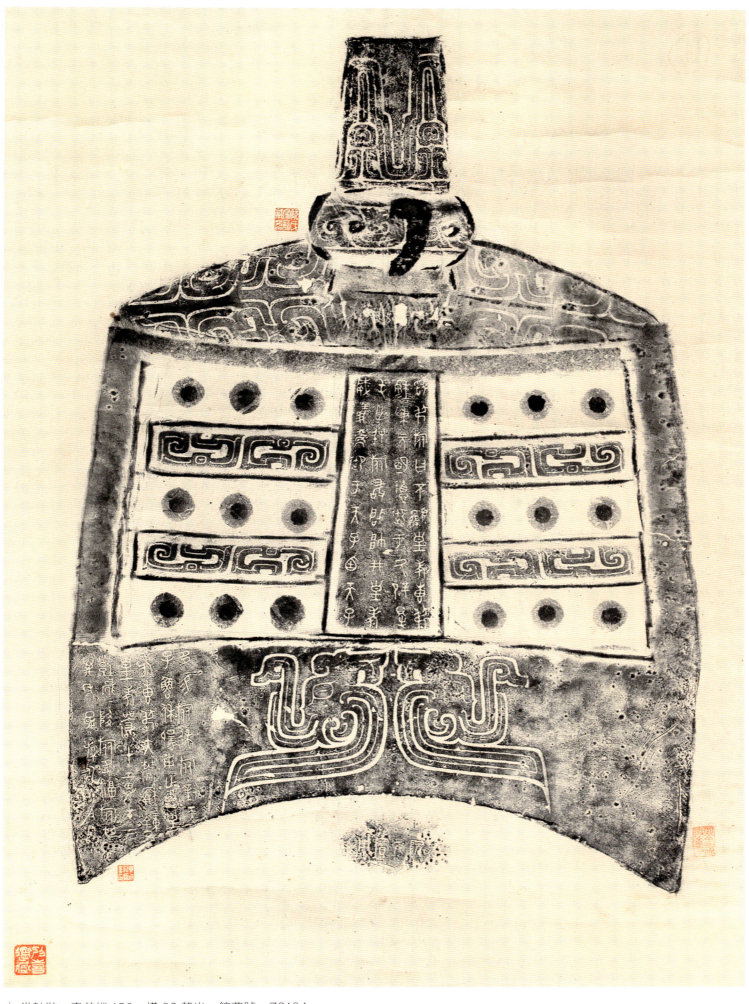

卷軸裝　畫芯縱 120、橫 60 釐米　館藏號：Z2164

虢叔旅鐘乙

虢叔旅鐘乙，相傳出土於寶雞虢川司，或云出陝西長安河壖之中。鉦間銘文4行，左鼓銘文6行，銘文從鉦部開始順讀，共計91字（其中重文5字）。舊為陽湖孫星衍（淵如）所藏，後歸吳鼒（山尊），道光十一年（1831），轉歸張廷濟清儀閣收藏，又經蔣光煦、沈仲復、徐問蘧、徐乃昌遞藏，現藏日本東京書道博物館。

見載於《商周青銅器銘文暨圖像集成》29冊，編號：15585。

徐同柏跋本

此為道光十一年（1831）張廷濟藏器初拓本，筆者名之曰"張廷濟藏器本"，係全形拓本，存有徐同柏（張廷濟外甥）題記與釋文，另有張開福題跋，道光十三年（1833）此本歸陸研耘。

"張廷濟藏器本"之銘文特徵為：鉦部銘文第一行"丕顯皇考惠叔"之"顯"字右半部有黃豆大小殘損，"惠"字泐損不可見。三行"師井"、四行"子迺"四字筆畫較粗，或係剜粗。"張廷濟藏器本"銘文的清晰程度，雖遜於"阮元藏器本"，但較之於其他兩枚大鐘，仍屬於清晰可辨者。

拓本上方，有徐同柏（籀莊）題跋：

是鐘向見二器，一為阮氏積古齋所藏，一為伊氏墨卿秉綬所藏。積古齋一器先是藏司馬達夫宣，胡氏子西長庚釋為太簇鐘，程氏易疇瑤田著《通藝錄》曾采其說，及入積古齋乃考訂為虢叔大林鐘，釋文自《積古齋彝器款識》外，有吳氏侃書東發、朱氏右甫為弼二家。道光辛卯（1831）春日，吾舅未翁夫子又得是鐘，為次鄦見拓本後，以備清儀閣著錄中采擇焉。

以下為釋文與銘文字考釋，茲不贅錄。

拓本右下方，為徐同柏題記：

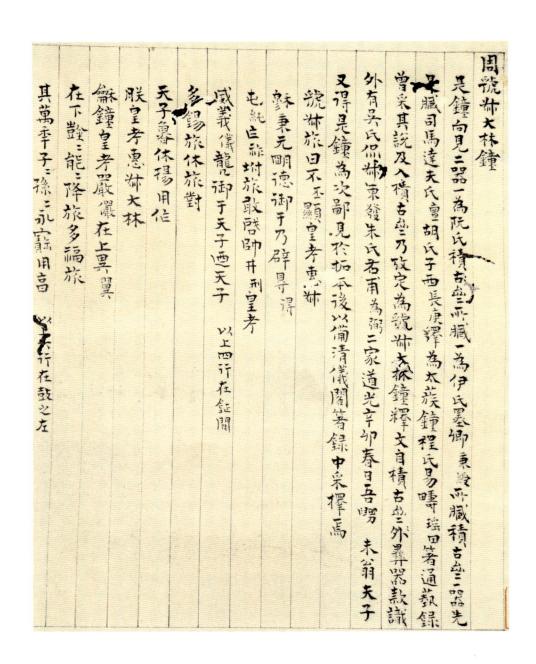

按：左襄十九年傳季武子作林鐘，注林鐘律名，鑄鐘聲應林鐘，因以為名。是鐘銘曰"大林龢鐘"，蓋應林鐘之律，謂之大者，《爾雅》大鐘謂之鏞是也。考《周語》景王將鑄無射，而為之大林，注引賈侍中說大林無射之覆也，作無射，而為之大林以覆之，其律中林鐘也。據此則大林自是應林鐘之律，特以其大謂之大林，如此鐘之制之類也。古鑄鐘皆應律，然亦大小差就，大之中又有差，《博古圖》所載：古鐘尺寸皆可覆。按即以今所見林鐘言之，叔氏寶林鐘兩樂高建初尺一尺五寸有奇，以校是鐘為縮二寸許，是鐘兩樂高建初尺一尺七寸有奇，以校積古齋一器為縮一寸許，校伊氏一器又贏一寸許，而要不失其為律中林鐘者。則以銑、鉦、鼓、舞、甬、衡及旋薄厚侈弇之，不離乎凫氏所云耳。景王惟鑄

虢叔旅鐘乙

卷軸裝　畫芯縱 132、橫 60.5 釐米　館藏號：Z1432

無射而為大林以覆之，故單穆公伶州鳩議其過制，若大林固自有其制，而非單穆公伶州鳩之議之所及矣。然則是鐘也，其即《周語》所謂大林與。（伊氏一器，尺寸從拓本校得外，叔氏寶林鐘，另一器又分中大林鐘，以拓本校之，叔氏鐘尺寸與伊氏一器同，分中鐘尺寸與是鐘同。）籀莊徐同柏。

注：欒，即鐘口兩角。兩欒謂之銑。

徐同柏（1775-1854），字壽藏，號籀莊。浙江嘉興人，張廷濟外甥。精研六書、篆籀，嗜金石，工篆刻。著有《從古堂款識學》《從古堂吟稿》等。

拓本左下方，是張開福題記：

是鐘向藏陽湖孫氏，予於嘉慶丁丑（1817）春游白下，謁淵如觀察于冶城山館，手拓其文，後十有餘年輾轉自邢上歸嘉興清儀閣。籀莊徐君承其舅氏叔未先生意為之考釋，於阮氏積古齋外，複釋五字，并云虢旅即《竹書紀年》所云虢公長父，證"旅"即"呂"字通，非深于詁訓之學者不能道。

研耘陸兄屬石瓹張開福跋尾，時道光十三年（1833）癸巳二月廿有六日。

張開福（1763-？），字質民，號石瓹，晚號太華歸雲叟，浙江海鹽人。張燕昌之子，克傳家法，喜金石之學。著有《山樵書外紀》《瘞鶴銘考補》。

張鳴珂跋本

此枚虢叔旅鐘，道光十一年（1831）歸張廷濟（叔未）清儀閣後不久，後爲張廷濟外甥蔣光煦（生沐）以二千金易得之。

此爲"張廷濟藏器本"，爲全形拓本，拓自蔣光煦（生沐）別下齋，筆者又將其名之曰"蔣光煦本"。存有光緒三十三年（1907）張鳴珂題跋，黄山壽篆書題端，鈐有蔣光煦"別下齋"印章，爲楊晨（蓉初）藏本。

蔣光煦（1813–1860），字日甫，號生沐、放庵。張廷濟外甥，浙江海寧人。藏書十萬卷，築別下齋以藏，輯刻有《別下齋叢書》《斠補隅録》《涉聞梓舊》《宋詩鈔補》，爲藝林所重，另著有《東湖叢記》《別下齋書畫録》等。

張鳴珂題跋：

是鐘舊爲孫淵如觀察所藏，後歸吳山尊學士、張叔未解元、蔣生沐廣文，此係蔣氏別下齋拓本。今鐘歸沈仲復制軍，而拓本亦稀如星鳳矣。蓉初仁兄出視爲識數語，以詡眼福，時光緒丁未（1907）冬十月張鳴珂。

張鳴珂（1829–1908），原名國檢，字公束，號玉珊，晚號寒松老人、窳翁。浙江嘉興人。咸豐辛酉（1861）拔貢，官江西德興知縣、義寧州知州。晚清詞人、藏書家、金石書畫家。著《寒松閣談藝瑣録》《寒松閣詞》《寒松閣詩》《説文佚字考》《疑年賡録》《惜道味齋札記》。

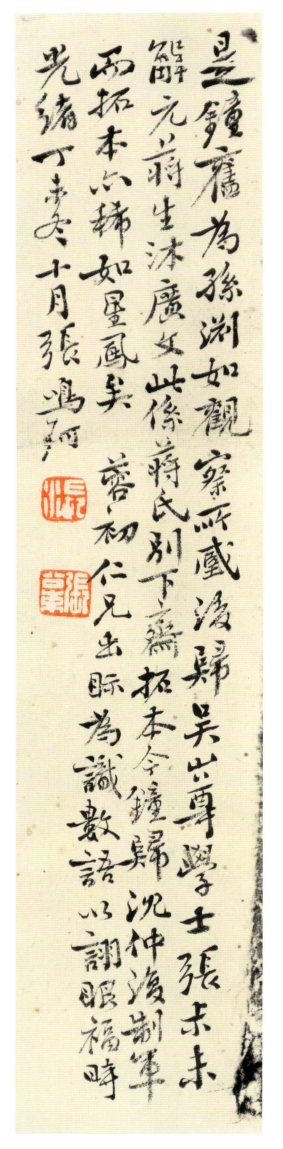

是鐘舊爲孫淵如觀察所藏後歸吳山尊學士張叔未解元蔣生沐廣文此係蔣氏別下齋拓本今鐘歸沈仲復制軍而拓本亦稀如星鳳矣蓉初仁兄出眎爲識數語以詡眼福時光緒丁未冬十月張鳴珂

楊晨（1845-1922），名保定，字定孚、定夫、定甫，又字蓉初，號月河漁隱、定叟。浙江黃岩人。光緒三年（1877）進士，授編修。兩次充任順天鄉試及會試同考官。辭官後，創辦越東航運公司，成爲臺州著名實業家。著有《三國會要》《崇雅堂稿》，輯有《臺州叢書》《臺州藝文略》《路橋志略》等。

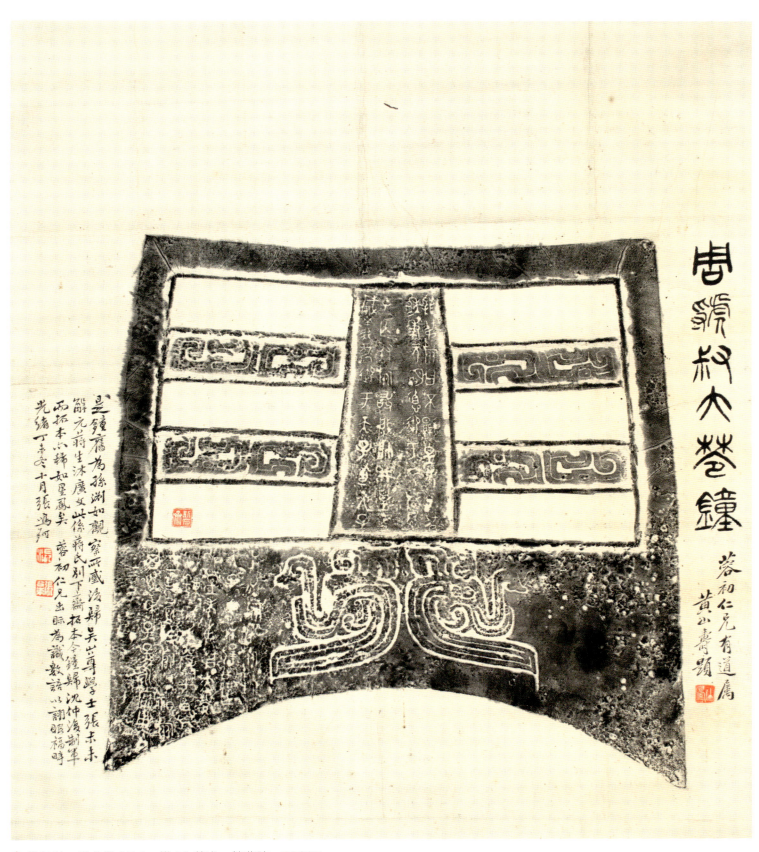

卷軸裝　畫芯縱 65.5、橫 58 釐米　館藏號：Z2285

徐定生跋本

此爲"張廷濟藏器本"。拓本存同治九年（1870）徐定生（禮堂）題跋，當時蔣光煦已歸道山，此器又傳到蔣光煦之子蔣學勤（茗伯）手中，故筆者將此時拓本名之曰"蔣學勤本"。拓本左下角鈐有"虞琴秘笈"印章。

徐定生（禮堂）題跋：

是鐘爲禾中張叔未解元清儀閣故物，外甥蔣生沐廣文以二千金易得之，寶愛甚至自爲釋文，載《東湖叢記》中。辛壬之亂，負以出走，匿觀鄉田舍間，得以無恙。余過甥館，每欲訪求外舅遺著以徵文獻，茗伯大兄因出此並

頌敦見示，不禁狂喜，用拓全形，裝池成卷，嗟乎！老成徂謝，法物飄零，後生小子於何想望風采，不意於滄桑變故之餘，猶能得此吉金，與壹門群從摩挲手澤，考證舊文，以想見曩日博聞好古之盛，心豈不重可幸耶。

庚午（1870）季秋，定生徐禮堂並題。

"茗伯大兄"即蔣學勤（1831–1879），字穎伯，號茗虹、茗伯、辛廬居士。蔣光煦長子。少承家學，善文詞，兼擅繪事。著有《辛廬詩詞稿》《辛廬雜誌》《辛廬吟草》等。

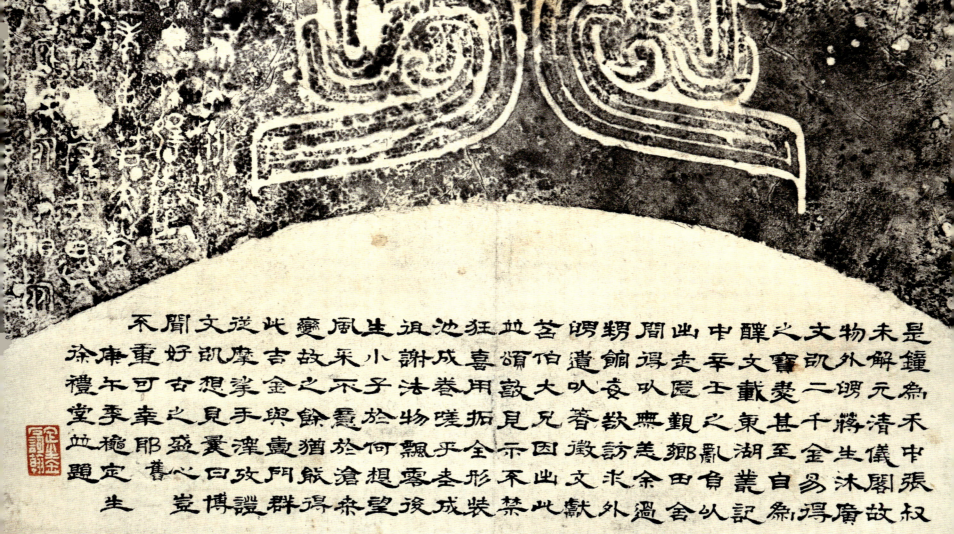

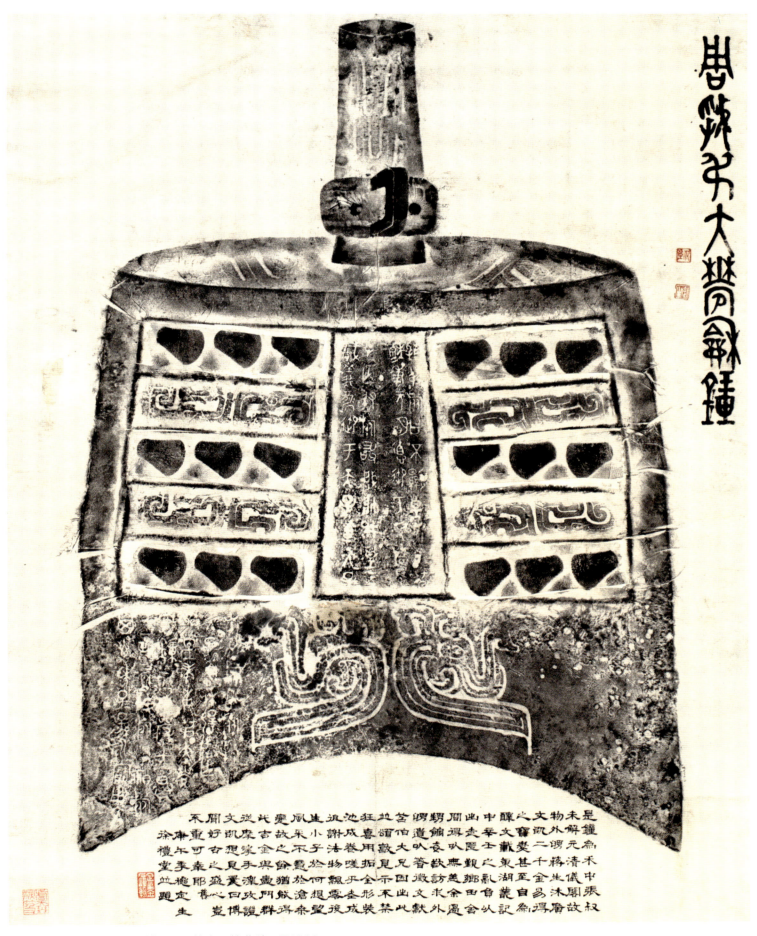

卷軸裝　畫芯縱 68、橫 54.5 釐米　館藏號：Z1298

吳昌碩跋本

此鐘歷經孫淵如、張廷濟、蔣光煦、蔣學勤等人收藏，光緒年間，又轉歸沈秉成（仲復）收藏。此本鈐有"奚氏金石""癸巳吉日"印章，當爲光緒十九年癸巳（1893）文彝軒奚鄂盧舊藏。是時大鐘已歸沈秉成（耦園），此本或爲歸耦園之後的初拓本，筆者將其名之曰"沈秉成本"。

褚德彝外簽：

> 虢叔大林鐘拓本，文彝軒藏，松窗題。

存有光緒十九年（1893）吳昌碩篆書題端：

> 虢叔大林鐘，向爲清儀閣舊藏，今歸耦園。

> 倉碩題。

沈秉成（1823-1895），字仲復，自號耦園主人。浙江歸安人。清咸豐六年（1856）進士，官至廣西、安徽巡撫，署兩江總督。精鑒賞，收藏金石鼎彝法書名畫美富一時。著有《蠶桑輯要》《夏小正傳箋》。

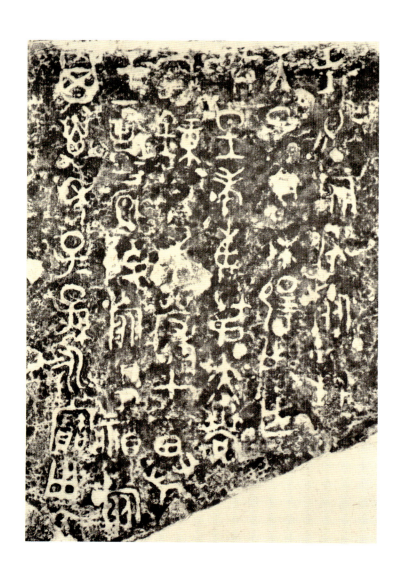

60

王文熹跋本

此吳隱手拓本，爲王秉恩、王文熹遞藏，拓自張廷濟藏器，鈐有"石潛手拓"印章。拓本右上方有王文熹題端與鐘銘釋文，左上方爲過錄孫詒讓《古籀拾遺·虢叔旅鐘考》，拓本下方爲節錄吳大澂《愙齋集古錄·虢叔旅鐘考釋》，民國辛酉（1921）裝裱。

吳隱（1867-1922），原名金培，字石泉、石潛，號遯盦、潛泉，齋名纂籀簃、松竹堂。浙江紹興人。西泠印社創始人之一。精传拓，擅製印泥，创"潛泉印泥"品牌。有《潛泉遺跡》《遯庵藏印》《遯盦秦漢印譜》《纂籀簃古鉨選》《遯盦叢編》傳世。

王文熹過錄吳大澂考釋：

虢叔鐘出長安河壖土中，舊傳三器，一爲儀徵阮元文達所藏，錄入《積古齋款識》，今存阮氏家廟。一爲嘉興張叔未藏器，得之

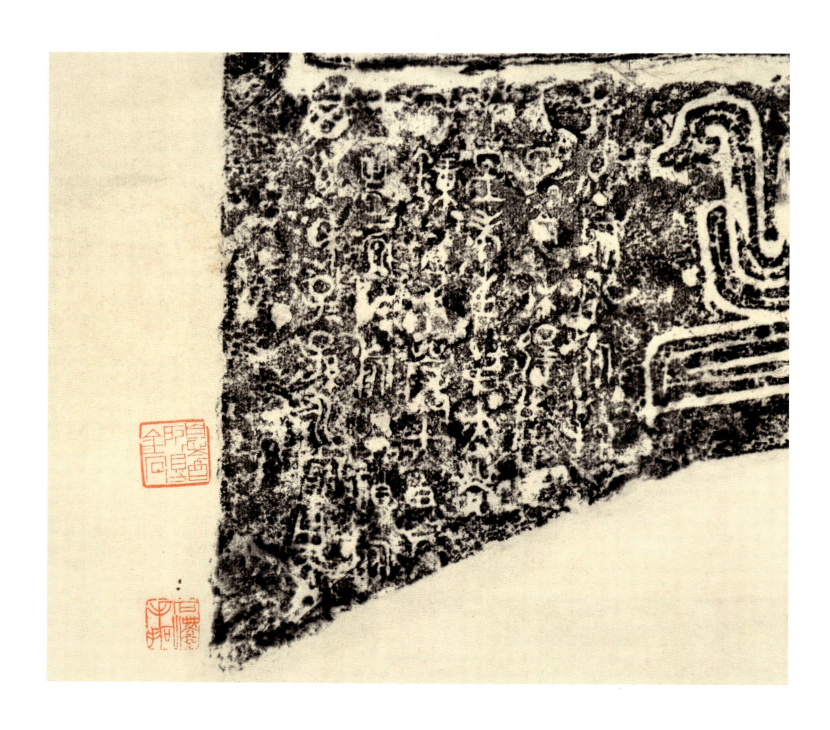

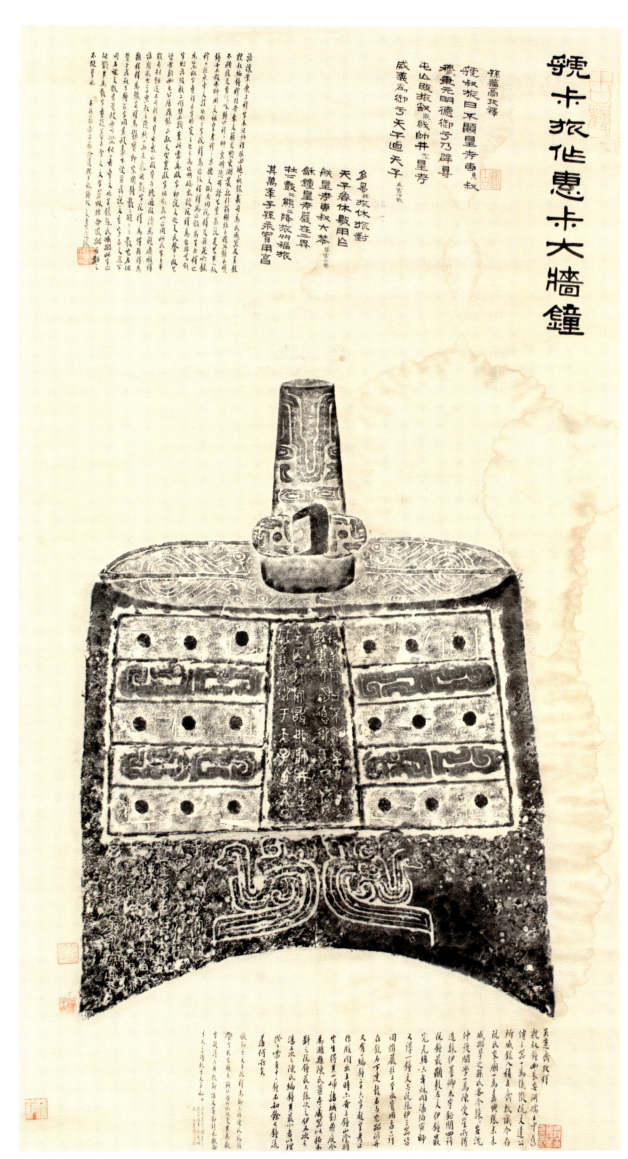

虢卡旅作惠卡大牆鐘

卷軸裝　畫芯縱 108.5、橫 55 釐米　館藏號：Z1054

孫氏者，今歸歸安沈仲復閣學。一屬陳受笙所得，後歸伊墨卿太守。鉦間四行，阮鐘最顯，鼓左文，伊鐘最完。

　　光緒六年秋間，潘伯寅師又得一鐘，文與阮、張、伊三器皆同，惟"嚴在上"至"永寶用享"一行在銑右下，連鼓右，與它器稍異。

　　又有一編鐘，二十六字，起"皇考"，止"作朕"，聞出土時亦有三鐘，山陰胡定生得其一，歸諸城劉燕庭，今爲濰縣陳氏簠齋藏器。以拓本校之，阮鐘最大，張次之，伊又次之，潘又次之，陳氏編鐘其最小者。以理揆之，當有十二鐘，不知餘七鐘流落何所矣。

　　"歆御于天子"，阮釋爲"御"，亦非，陳氏編鐘"歆"字，較它鐘爲顯，從"酉"，從"水"，從"欠"，其爲"歆"字無疑，《詩·六月》"歆御諸友"，《箋》御，侍也。歆御於天，言侍歆于天子也。右見《愙齋集古錄》節錄其前後兩段。文燾。

　　王文燾過錄孫詒讓《古籀拾遺·虢叔旅鐘考》，内容爲銘文釋讀，茲不贅錄。

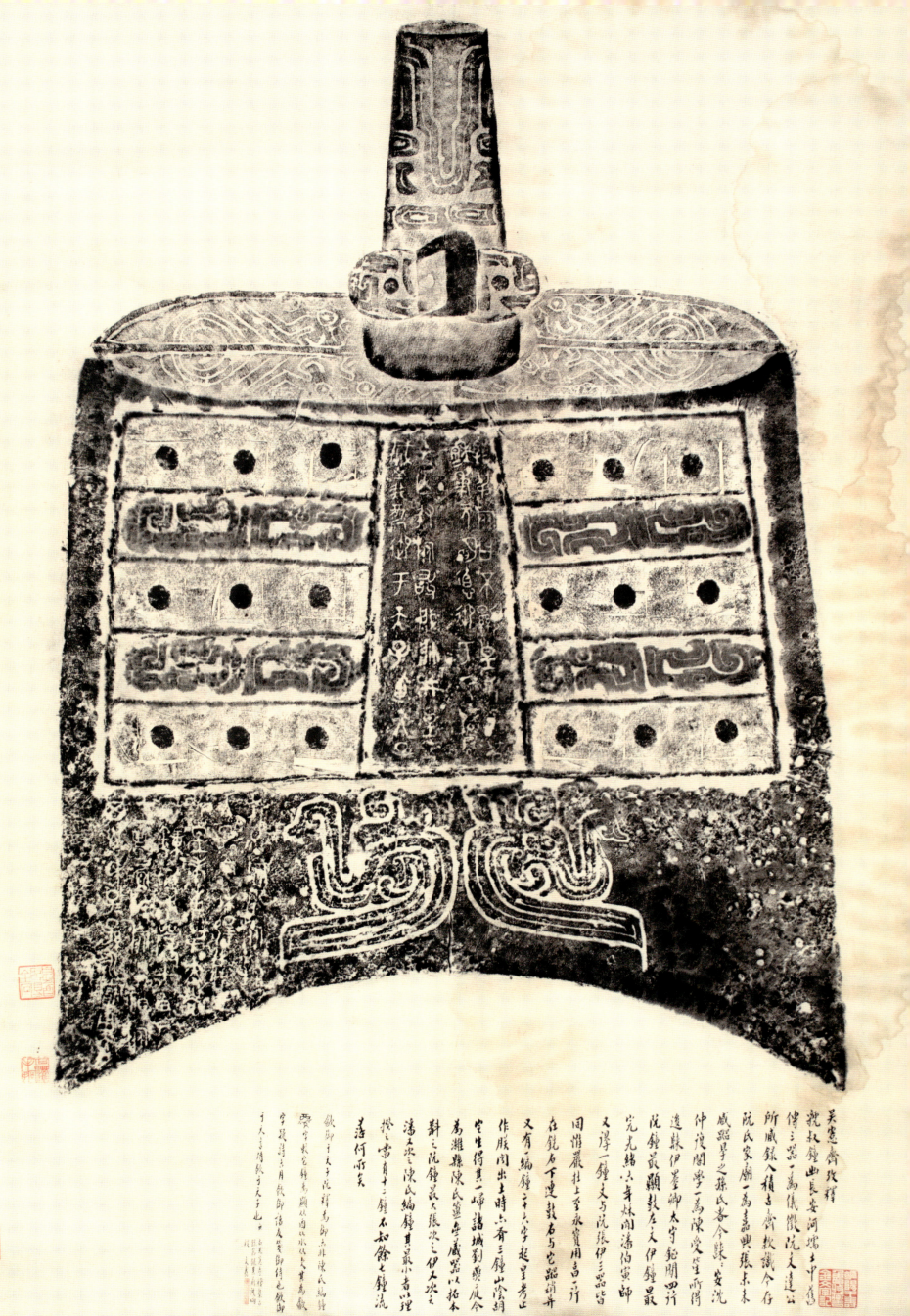

虢叔旅鐘丁

　　虢叔旅鐘丁，傳出土於寶雞虢川司，或云出陝西長安河壖之中。鉦間銘文 4 行，左鼓銘文 5 行，銘文從鉦部開始順讀，鉦部銘文每行缺首字，共計 87 字（其中重文 5 字）。此器歷經潘祖蔭、端方遞藏後，民國間，轉歸孫鼎（師匡）雙鐘精舍所有。解放後，孫鼎、景俊士夫婦將其捐贈給上海博物館。通高 53.1、銑間 29.5、鼓間 20.6 釐米，重 28.59 千克。

　　見載於《商周青銅器銘文暨圖像集成》29 冊，編號：15587。

趙時棡跋本

　　此本拓自虢叔旅鐘丁，亦爲全銘本，然銘文行款與阮元、張廷濟藏器稍異。此鐘與其他三鐘的另一大區別在於，其右鼓之上多鑄刻有一鳥紋，其他三鐘則無，筆者將其名之曰"潘祖蔭藏器本"。

　　然所見潘祖蔭藏器舊拓本，鉦部文字皆漫漶莫辨，此本文字則煥然一新，諦視之，部分鏽蝕痕跡尚能大致吻合。左鼓銘文第二、三行最末一字皆泐下半，四行"皇考"之"皇"字右上角，有明顯的凸出鏽斑痕跡。

　　此拓爲孫師匡洗剔監拓之一，鈐有"孫氏師匡藏器""雙鐘精舍""好古敏求"印章，全形拓工精湛，有民國三十四年（1945）二月趙時棡題記。

　　趙時棡題記：

　　　　虢叔鐘留傳於世有六器，二爲編鐘，一爲阮文達，二爲張叔未，三藏伊墨卿，四即此鐘，爲端忠愍舊藏，銘文太半爲鏽所掩，拓本故不致，今爲皖中孫君師匡所得，經其細心洗剔，文字精美，可與阮氏一器並重（阮氏一器今在吾里周氏），孫君收藏三代法物甚富，當以此鐘爲冠。乙酉（1945）二月，趙時棡識於海上僕累廬。

　　孫鼎（1908-1977），號師匡。安徽桐城人。三歲喪母，十一歲亡父，由舅父周叔弢撫養成人。受舅父影響，亦喜收藏金石與古籍。民國時期，孫鼎先後投資創辦玲奮電機廠、中國電機廠、新業電化廠和天昌電化廠、新安電機廠等企業，任廠長和總工程師。1960 年，他捐獻數十件歷史文物給國家，受到文化部褒獎。

　　趙時棡（1874-1945），字叔孺，號紉萇，後以字行。浙江鄞縣人，寄居上海。家中藏有東漢延熹、蜀漢景耀兩個弩機，故顏所居曰"二弩精舍"，擅書畫，篆刻追慕秦漢，自成一家。著《二弩精舍文存》《漢印分韻補》《古印文字韻林》等。

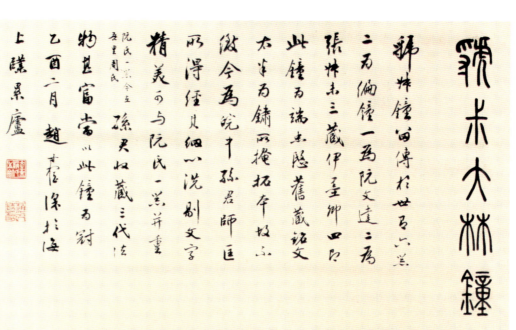

虢叔大林鐘

虢叔鐘舊傳於世凡六器
二為徧鐘一為阮文達二為
張叔未三藏伊墨卿四為
此鐘為端木賜舊藏銘文
右半為鏽兩掩拓本故不
微今為統十孫君師匡
兩得經貝細一洗刷文字
精美而与阮氏一羗并重
物甚富當以此鐘為尌

阮氏一羗今存
在里周氏
孫叔叔藏三代佐

乙酉二月　趙叔孺隸於海
上琴景廬

虢叔旅鐘丁

卷軸裝　畫芯縱 123.5、橫 61.5 釐米　館藏號：Z1438

王禔跋本

此本亦"潘祖蔭藏器本"，此時大鐘已歸孫師匡雙鐘精舍所有。此爲孫師匡監拓本之一，鈐有"孫氏師匡藏器""雙鐘精舍""好古敏求"印章。有民國三十四年（1945）正月王禔（福庵）題記。

王福庵題記：

虢叔大奓穌鐘。乙酉（1945）孟陬之月爲師匡道兄先生鑒家題，福庵王禔時年六十又六。

案：是鐘同文異范，見於著録者，凡四，一藏儀徵阮氏，一藏嘉興張氏，一藏汀州伊氏，一藏澠陽端氏。此即端氏舊藏之鐘，今爲師匡先生所得。阮、張、伊三氏藏鐘因轉展流傳，曾得一度摩挲，今不知歸于何處，此鐘鼓上多一鳧文，尤爲可寶。翌日福厂又識于春住樓。

王福盦（1880－1960），原名禔、壽祺，字維季，號福盦，後以號行，別號印奴、印傭、屈瓠、羅刹江民等，七十歲後稱持默老人，齋名麋研齋、春住樓。浙江杭州人。年二十五，與葉銘、丁仁、吳隱等創立西泠印社，後應邀赴北京出任印鑄局技正。1930年南歸，定居上海，鬻藝自給。有《王福盦書說文部目》《麋研齋印存》《福盦印稿》傳世。

案是鐘全文異范見于著録者凡四一藏儀徵阮氏一藏嘉興張氏一藏汀州伊氏一藏澠陽端氏此即端氏舊藏此鐘余爲師匡先生所得阮張伊三氏藏鐘因轉展流傳曾得一度摩挲余不知歸于何處此鐘鼓上多一鳧文尤爲可寶翌日福厂又識于春住樓

齊侯大鎛蘇鐘

案是鐘金文異記見于箸
錄者凡四一威儀徵阮氏二威
嘉興張氏一威汀洲伊氏一威
渡陽端氏即端氏舊威坐
鐘余為　師匡先生所得院
張伊三氏威鐘国輛展流傳
曾得一度摩挲余不却歸于
何處此鐘鼓上多一鳥冬九為
可寶翌日福厂又識于守佳樓

師匡道光先生鑒家賴福厂王褆時年六十六

| 卷軸裝　畫芯縱 129.5、橫 62.5 釐米　館藏號：Z5054

虢叔旅鐘己

費念慈藏本

此本拓自"虢叔旅鐘己"，鉦間和鼓部銘文26字，其文曰：

皇考威儀，祗御于天子。迺天子多賜旅休。旅

對天子魯休揚，用作朕。

原器舊爲胡定生、劉喜海、陳介祺遞藏，現藏日本京都泉屋博古館。

此本僅有費念慈題外簽，無題跋與藏印，上海圖書館1960年6月30日購自慶雲堂，費念慈誤定爲張廷濟藏器。

此本與《商周青銅器銘文暨圖像集成》冊29編號15589者校對，略有小異，應該不是拓自原器，因"虢叔旅鐘己"傳拓較少，故存録之。

虢叔旅鐘己

卷軸裝　畫芯縱50、橫30釐米　館藏號：S0271

郑公華鐘

郑公華鐘

郑公華鐘，春秋晚期器，傳清代在山東省鄒縣出土。鐘合瓦形體，長腔封衡，于口弧度很大，兩段式平頂枚，鼓部有卷體龍紋，通高 36 釐米，鼓間 13.4、銑間 18.2、舞縱 11.1、舞橫 14.2 釐米，重 6.87 公斤。兩欒、鉦間、鼓部鑄銘文 93 字（其中重文 2 字）。

其文曰：

唯王正月初吉乙亥，郑公華擇厥吉金，玄鏐赤鏞，用鑄厥穌鐘，以乍其皇祖、皇考。曰：余畢龏威忌，淑穆不墜於厥身。鑄其穌鐘，以恤其祭祀盟祀，以樂大夫，以宴士庶子，慎爲之銘，元器其舊，載公眉壽，郑邦是保，其萬年無疆，子子孫孫，永保用享。

作器者爲曹華，又稱“郑公華”，即郑宣公之子，史稱“郑悼公”，執政時間在公元前 555 年到公元前 541 年，相傳爲顓頊後裔，封地在今山東省費、鄒、滕、濟寧、金鄉等縣地，建都於郑，郑即鄒（今山東省曲阜東南陬村）。

郑公華鐘舊爲河間紀曉嵐收藏，一度稱之爲“周公華鐘”，後經沈樹鏞、潘祖蔭遞藏，解放後，曾入藏上海博物館，現藏中國國家博物館。

見載於《商周青銅器銘文暨圖像集成》29 冊，編號：15591。

蒲華跋本

此本飾爲沈樹鏞藏全形拓本，鈐有“沈樹鏞印”“靈壽花館收藏金石印”，存有光緒三十四年（1908）蒲華題詩。諦視之，非原器拓本。

蒲華題記：

精拓傳來靈壽館，古鐘大篆抑何工。

爲言小篆眞堪祖，三代文章屬富雄。

戊申（1908）夏日，蒲華題句。

蒲華（1832-1911），原名成，字作英，號胥山野史，種竹道人。浙江嘉興人。晚清“海派”畫壇大家，其書畫氣勢磅礴，可與吳昌碩媲美。著有《芙庵燹餘草》。

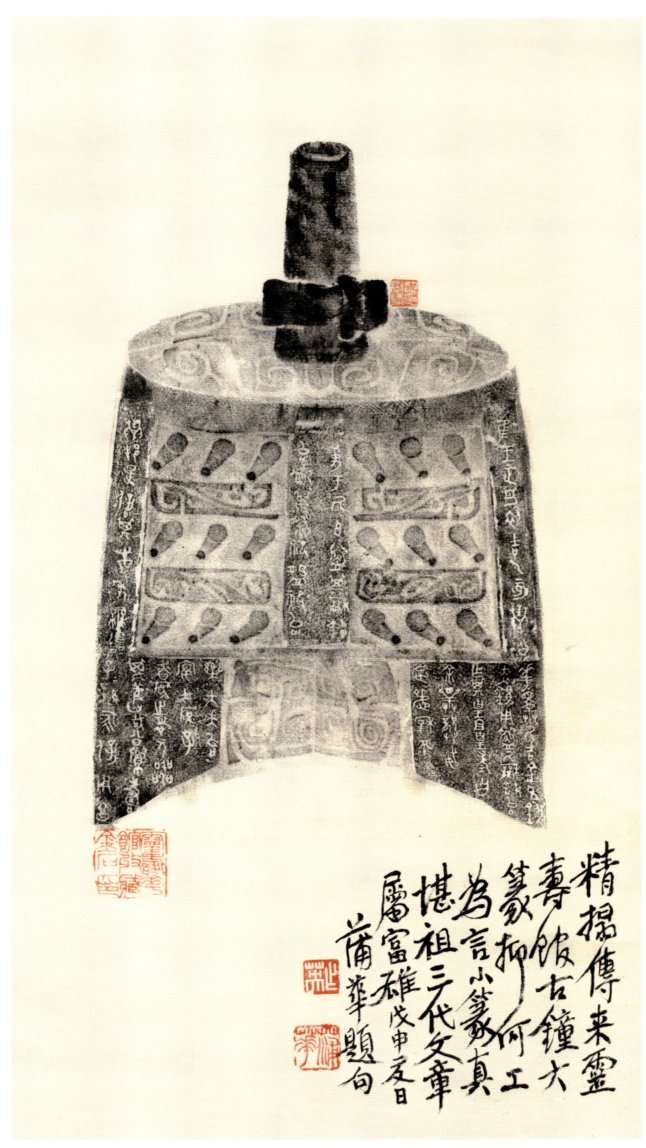

精揭傳来靈
壽飯古鐘大
篆抑何工
為言小篆真
堪祖三代文章
屬富雄伐申夏日
莆葊題句

卷軸裝　畫芯縱 80、橫 35 釐米　館藏號：Z2015

桂馥跋本

此爲邾公華鐘之初拓本，乾隆末年，此拓爲莊宇逵（達甫）收藏，留有桂馥、江德量、孫星衍、胡唐等人題記。道光年間，又轉歸程文榮（蘭川）收藏，留有戴熙、何紹基題記。何紹基在題記中推斷此鐘爲"秦武公鐘"。

程文榮（？－1853），字魚石，號蘭川、南村。浙江嘉善人。清道光、咸豐間金石學家。咸豐時任江寧府署北捕通判，咸豐三年（1853）江寧城陷，殉節。著有《嘉興府金石志》《江寧金石志補》《鐘鼎校誤》《絳帖考》《南村帖考》等。

鐘甬兩側，存乾隆五十五年（1790）桂馥題記：

程氏易田釋文如此，見所刻《通藝錄》，馥案"𦦎"當缺，疑"𥂁"非"𥂁"字，"𥂁"，從"𣎴"，"𣎴"古文從"丂"，作"𣎴"，其首左向，今《說文》右向，轉寫之誤。鐘文右向，故知非"華"也。"𥂁"見《說文》鬥部，訓云引給也。從"鬥"，"𦥑"聲。"𢤱"亦見"鬥"部，訓云"慰"也，從"鬥"，"龍"聲。程氏釋作"擇冀"，誤不待辨。莊君葆珍謂"錫"當爲"錯"，《說文》"昔"古文作"𥬇"，

程氏釋作"鎛"，亦未允，念與程氏交十年，素服其精核，惜乎！釋此銘時未及裁助，姑記於此，竊附諍友之末云。達甫舍人出示拓本，爲錄原釋並記鄙說。庚戌（1790）三月朔，曲阜桂馥。

達甫舍人疑爲莊宇逵(1755-1813)，字達甫。武進人。諸生，嘉慶丙辰舉孝廉方正，著有《春覺軒詩草》《南華九老會倡和詩譜》。

桂馥（1736-1805），字未谷，一字冬卉，號雩門、老苔、瀆井復民等。山東曲阜人。清代學者、文字學家。桂馥和段玉裁同時治《說文》，人稱"南段北桂"，撰《說文解字義證》五十卷，譽爲"清代說文四大家"之一。

鐘鉦部兩側，存乾隆五十五年（1790）江德量題記：

鐘鼎款識《齊侯鐘銘》"𦦎"釋作"墜"，《盠穌鐘》亦同此，"𦦎"字當即"墜"字。

莊述祖曰古文"龍"字皆從"𠃉"，象形也。或加"彡"象"鬣"，此"冀"字"𠃉"上作"𠃋"，蓋象角，《說文》從"飛"之說，謬也。故以《說文》例鐘鼎古文，無異于執《洪武正韻》求《說文》也。予又將附未谷諍友末。

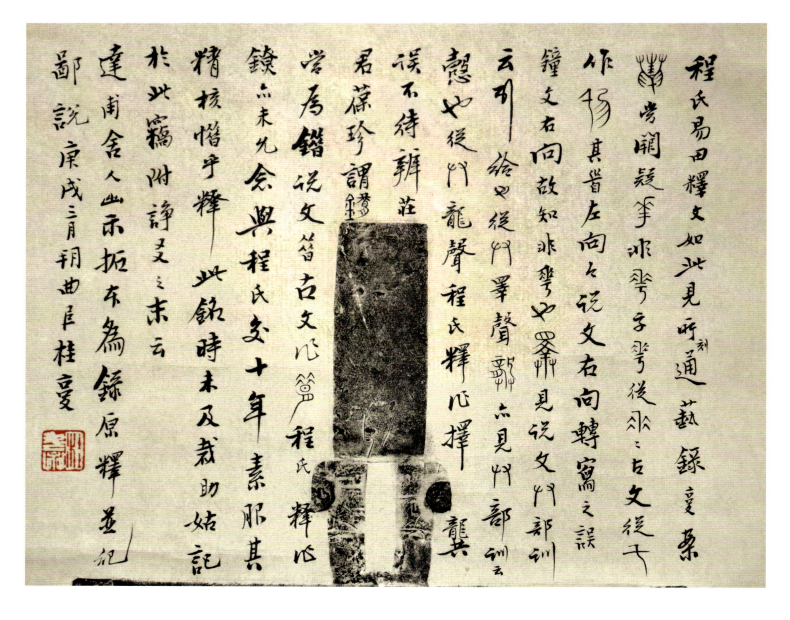

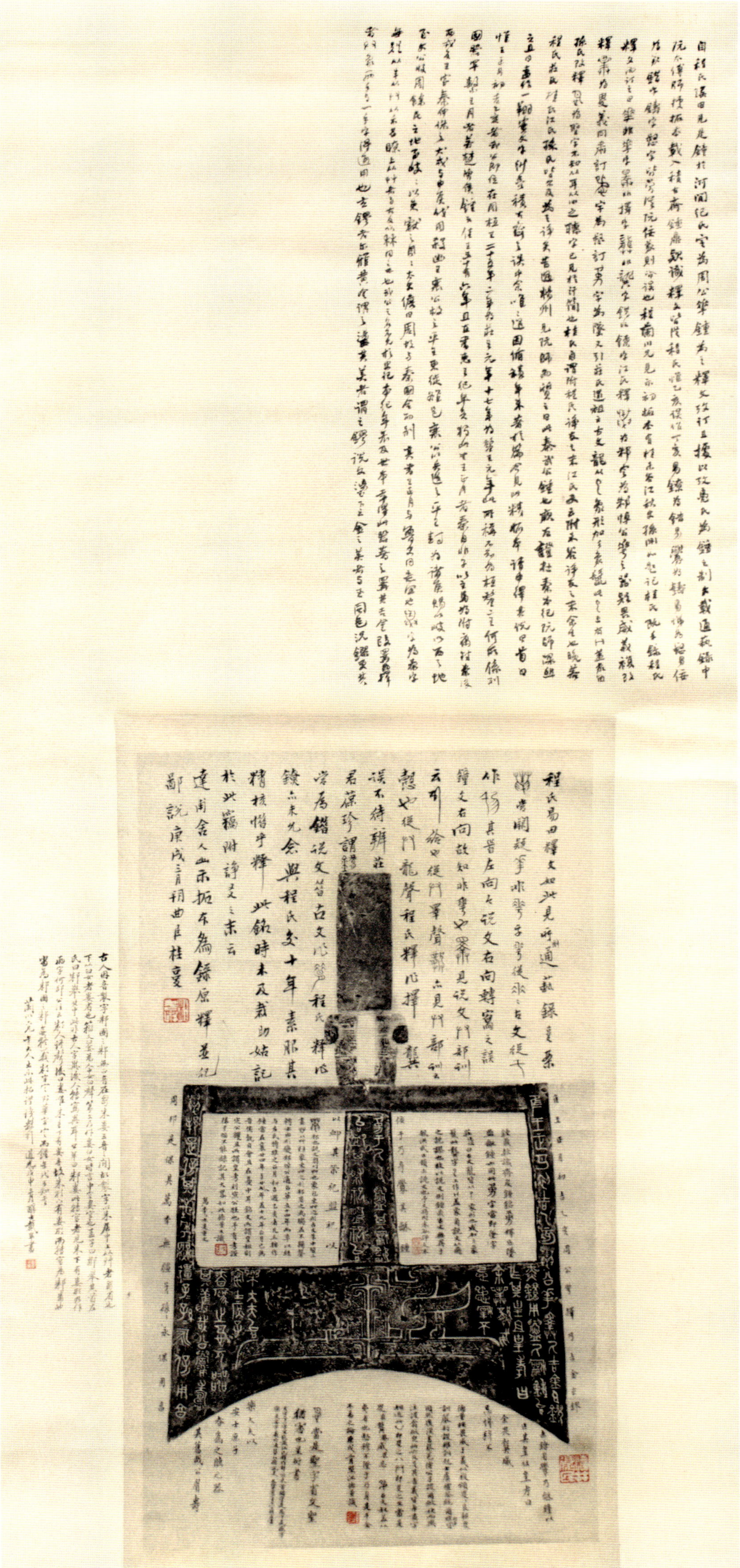

卷軸裝　畫芯縱 55、橫 30.5 釐米　館藏號：Z1097

"蕭"，"郱"也。《説文》"芻"，刈草也，
象包束草之形。古文"朱"中皆二畫，"屮"从"草"，
"⺍"象束草之形。郱婁之爲騶，蓋不獨聲轉，
亦由形變。郱悼公適名華，立十四年而卒，以《經》
與《左氏傳》推之，正月初吉遇乙亥者，凡三，
按作鐘當在襄廿四年與廿八年，蓋十九年正月
巳爲晉侯執自會且在憂中耳，銘文所謂皇祖則
定公獶，且所謂皇考則宣公矩也。予有考證限于
幅不能録記，其大略如此，德量又識。

鐘拓底部，存江德量按語：

　　德量按：畏威于義似複頌，畟畟良耜，畟
訓嚴利，謖雖訓起，《士虞禮》《祭統》《爾雅》《列
子》皆同，然《後漢書·蔡邕傳》"公子謖爾
斂袂而興"，注："謖，翕斂貌"，"所六反"，
是其音義皆與"肅"字相近。此"ㄩ"即"畏"
之"八"，"冂"即"畏"之"乂"，當是"畏
（肅）冀（恭）威（畏）忌"。"弔"古文"叔"，
蓋从"夷"省也。"愻穆不墜于乃身"是千金
不易之論。庚戌（1790）三月望，江德量識。

江德量（1752－1793），字成嘉，號量殊、秋史。
江蘇儀徵人，江恂之子。乾隆四十五年（1780）榜眼及第，
授翰林院編修，官至江西道監察御史。精小學，好金石，
尤擅古錢幣研究，著成《錢譜》《古泉志》等。

江德量按語後接孫星衍、胡唐題識：

　　"罕"當是"聖"字省文，"聖"猶"審"
也，星衍書。

孫星衍（1753－1818），字淵如，號伯淵，別署芳
茂山人、薇隱。江蘇陽湖人。乾隆五十二年（1787）殿試
榜眼，乾嘉學派的重要人物，精研經史、文字、音訓、
諸子百家，著有《孫氏周易集解》《尚書今古文注疏》《問
字堂集》《寰宇訪碑録》《芳茂山人詩録》等。

　　"亥"字下一字不能識，江氏釋作"郱"，
亦未嘗錯字，是"忌"下是"感"字，"宀"是"宴"
字義亦通，"罕"从孫説是。乾隆甲寅（1794）
十月十一日胡唐書。

胡唐（1759－1826）又名長庚，字子西，號西甫、
城東老人、木雁居士。安徽歙縣人。金石學者，精於古
文字學。工篆刻，興巴慰祖齋名，印界稱爲"巴胡"。

拓片左側，存道光二十八年（1848）戴熙題記：

　　古人因音製字，郱國之"郱"無正音，在
"芻""朱""婁"三音之間，故製字以"朱"
居中，上从"屮"者，"芻"省也，下从"白""女"，
"婁"省也。籀文"翠"爲"人""中""女"，"白"
聲，篆文乃作"婁""白""女"皆言中空，"婁"，
空也。《孟子》曰"郱舉其首，《左氏》曰"郱
舉其中"，此非古人字異，後人轉寫異耳。《公羊》
曰"郱婁此轉寫者，見朱下有婁形，乃作兩字"。
何邵公注云"郱人語聲後曰婁，唯朱音下有婁
音"，故"朱"形下有"婁"形，而轉寫爲"郱
婁"也。當爲郱國之郱無疑義，"郱"字定，

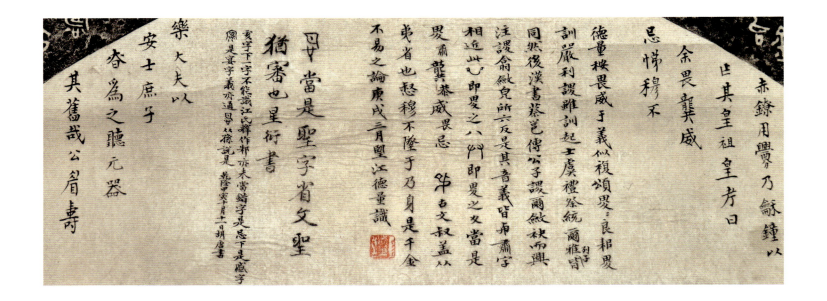

則"華"字定，而鐘年代可知矣。蘭川六兄大人出示此拓，謹識數行。道光戊申（1848）三月醇士戴熙書。

戴熙（1801-1860），字醇士，號榆庵、鹿床、井東居士。浙江錢塘人。道光十一年（1831）進士，官至兵部侍郎，曾任崇文書院主講。工詩書，善繪事，與湯貽汾齊名，並稱"湯戴"。著有《賜硯齋題畫偶録》《習苦齋詩集》《鹿床畫絮》《古泉叢話》等。

卷軸頂部，存何紹基題記：

自程氏瑤田見是鐘於河間紀氏定爲周公華鐘，爲之釋文考訂，且據以考鳧氏爲鐘之制，文載《通藝録》中。阮太傅師據拓本載入《積古齋鐘鼎款識》，釋文皆從程氏，惟"乙亥"誤作"丁亥"，易"鎛"爲"錯"，易"鬻"爲"鑄"，易"悌"爲"愬"，易"佞"爲"茅"，"錯"字、"鑄"字、"愬"字皆當從阮，"佞""茅"則皆誤也。程蘭川兄見示初拓本，有桂未谷、江秋史、孫淵如題記。桂氏既手録程氏釋文而訂之曰"聿"非"半"字，"䅓"非"擇"字，"鬷"非"冀"字，"錯"非"鎛"字，江氏釋"䳬"爲"郋"，定爲郋悌公華之器，疑畏威義，複改釋"票"爲"畏"，義同"肅"，訂"聿"字爲"愬"，訂"㝱"字爲"墜"。又引莊氏述祖云古文"龍"從"𢎛"，象形，加"彡"象"鬣"，此"𢎛"上有"H"蓋象角。孫氏改釋"彐"爲"聖"字，不知從"耳"從"心"之"聽"字，已見於汗簡也。桂氏自謂附程氏諍友之末，江氏又云附未谷諍友之末，余生也晚，若程氏、莊氏、桂氏、江氏、孫氏皆不及爲之諍矣。昔過揚州，見阮師而質之曰"此秦武公鐘也"。厥左證在《秦本紀》，阮師深然之，且曰盍作一翔實文字糾吾《積古齋》之誤乎？余唯唯退，因循積年未著於篇。今見此精拓本，請申繹其說曰：首曰"惟王正月初吉乙亥"者，武公即位在周桓王二十五年，二年爲莊王元年，十七年爲釐王元年，此所稱不知爲桓釐二王何所係，列國器罕繫王月者，若楚曾侯鐘云佳王五十有六年，且直書惠王紀年矣。獨此書王正月者，秦自非子以主馬爲附庸封秦後，西戎反，王室秦仲誅之，犬戎與申侯伐周殺幽王，襄公救之，平王東徙雒邑，襄公以兵送之，平王封爲諸侯，賜以岐以西之地，至文公收周餘民之地，至岐，岐以東獻之周，周太史儋曰"周故與秦國合而別"，其書王正月與魯史同意，宜也。"䳬"字爲秦字無疑，從"丰"，從"門"，從"禾"，甚瞭，上從"屮"者與古文從"𥝌"同意也。武公之名不見於《史記本紀》《年表》及《世本》，幸得此器著之，"羣其吉金"段"羣"爲"擇"者，"門"象形兩手與一手字得通用也。"玄鏐"者，《爾雅》黃金謂之璗，其美者謂之鏐，《説文》璗下云金之美者與玉同色，況鏐更其。

何紹基此跋不知何故並未完篇，也未落款，這一現象在金石收藏題記中十分罕見。

何紹基（1799-1873），字子貞，號東洲、猿叟。湖南道州人。道光十六年（1836）進士，官四川學政。清代詩人、學者、書法家。著有《惜道味齋經説》《東洲草堂文鈔》《説文段注駁正》《東洲草堂金石跋》《東洲草堂詩鈔》等。

此軸與《虎符龍節拓本》（翁方綱、江德量跋本）爲同一裝幀樣式，同一藏家收藏。

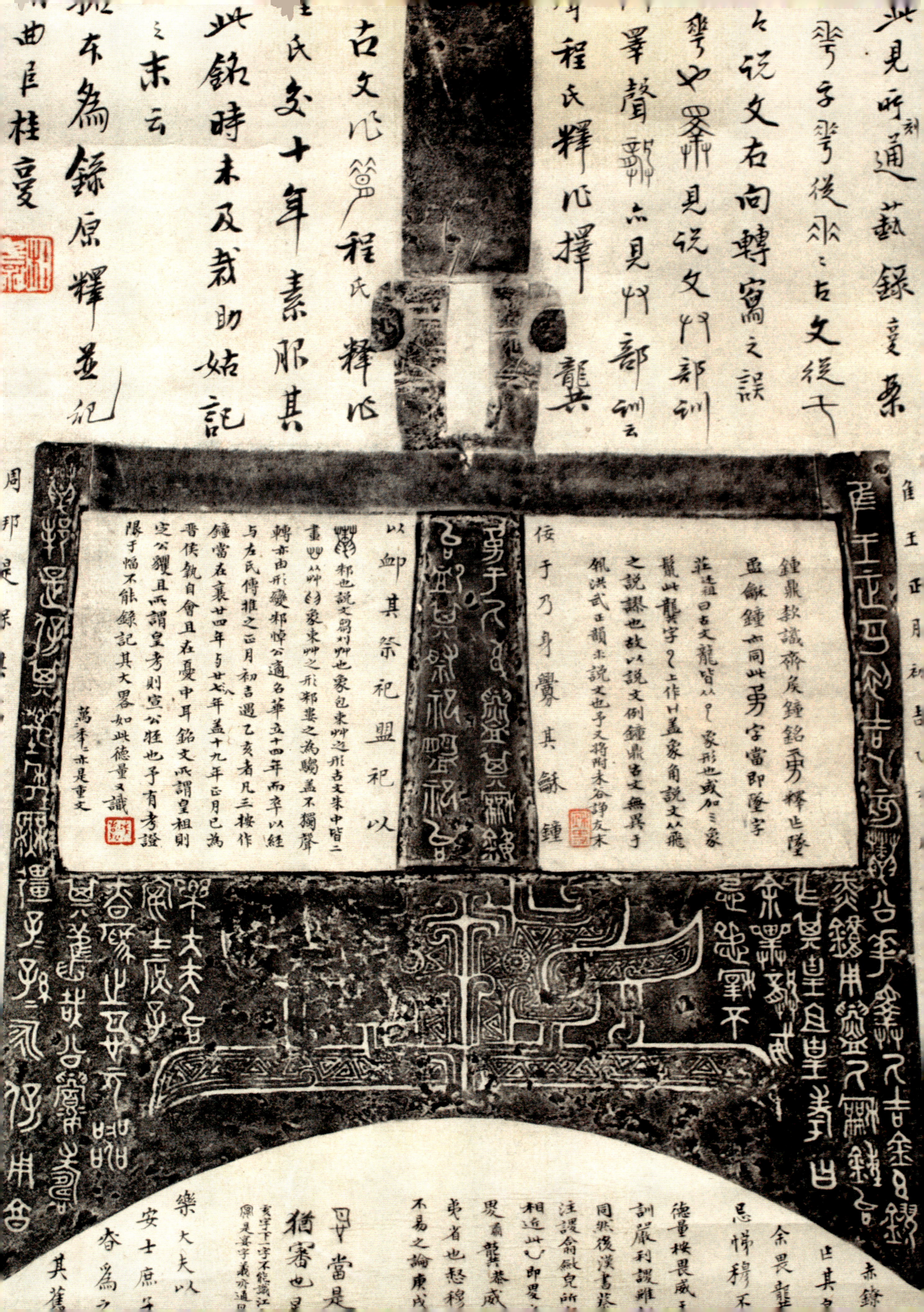

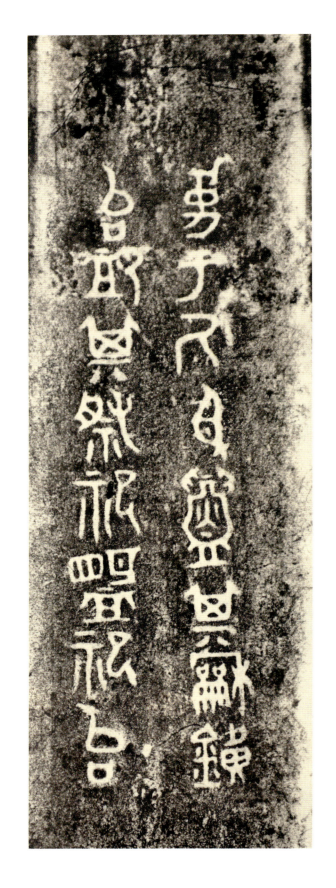

鮑毓東跋本

此件《邾公釼鐘》與沈樹鏞靈壽花館藏器不同，兩者銘文內容相同，但首尾行款不盡相同。兩者皆見載於《商周金文集成》，沈樹鏞珍藏者編號爲 7964，此件編號 7965。

此本係章鈺（式之）舊藏，光緒戊申（1908）轉贈徐乃昌（隨庵主人）。爲卷軸裝，頂部留有當年七月鮑毓東《邾公釼鐘》銘文釋文並過錄《積古齋款識題記》。

章鈺（1864-1934），字式之，號茗簃，一字堅孟，號汝玉，別號蟄存、負翁，晚號北池逸老、霜根老人、全貧居士等。江蘇長洲人。光緒二十六年（1900）進士，民國三年（1914）任清史館纂修。近代藏書家、校勘學家，著《四當齋集》《宋史校録》《胡刻通鑑正文校宋記》。

徐乃昌（1868-1943），字積餘，晚號隨庵老人。安徽南陵人。光緒二十八年（1902）受命考察日本學務，回國後總辦江南高等學堂，督辦三江師範學堂（南京大學前身）。近代著名的藏書家、學者，主編《南陵縣志》《安徽叢書》等。

鮑毓東（1845- ? ），號石室主人。浙江錢塘人。光緒年間官海州知州，晚清詩人、畫家，著有《端虛室剩稿》。

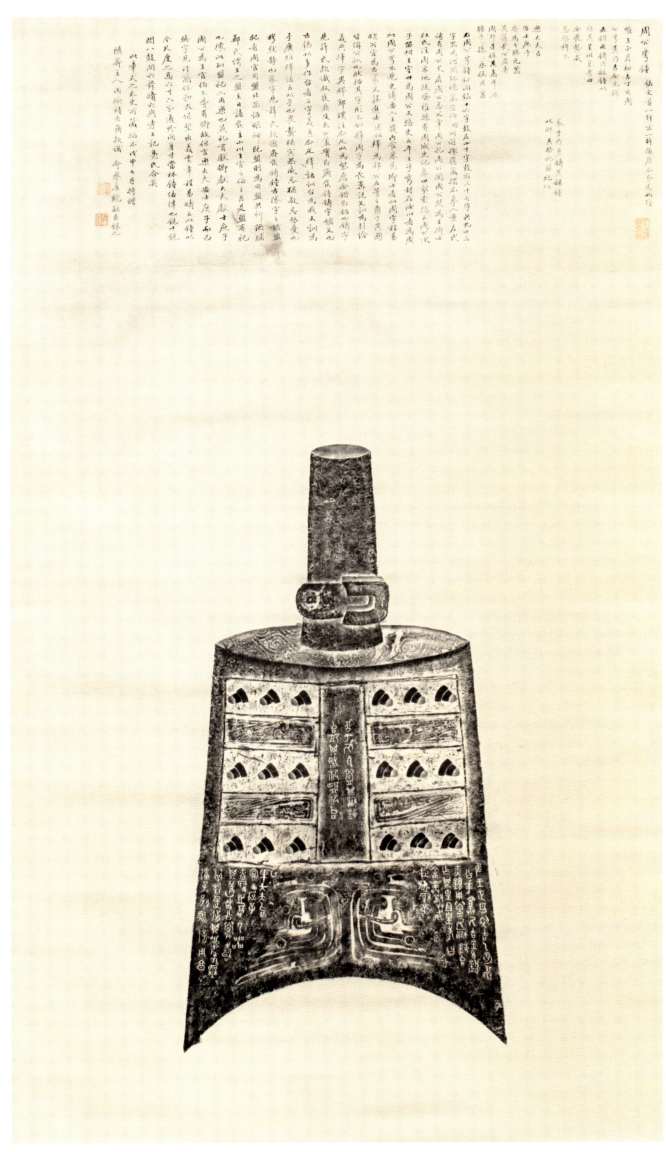

卷軸裝　畫芯縱126、橫60.5釐米　館藏號：Z1111

伊立勳題端本

　　此件《郑公釗鐘》銘文行款樣式與上文所述兩種皆不同，亦未見著錄，當非真器。然此本拓工精湛，上方有伊立勳題端"周公華鐘"，亦難得資料，故聊備一格，附錄於此。

　　伊立勳（1857-1940），字熙績，號峻齋、石琴，別署石琴老人、石琴館主。福建寧化人，伊秉綬玄孫。清光緒年間任無錫知縣，辛亥革命後，移居上海鬻書，民國時期著名書法家。著有《石琴吟館題跋》。

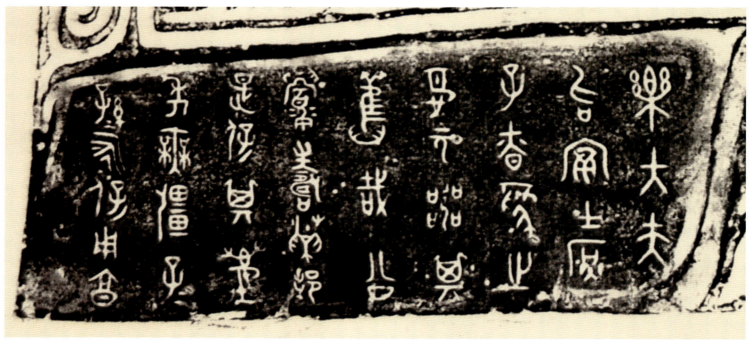

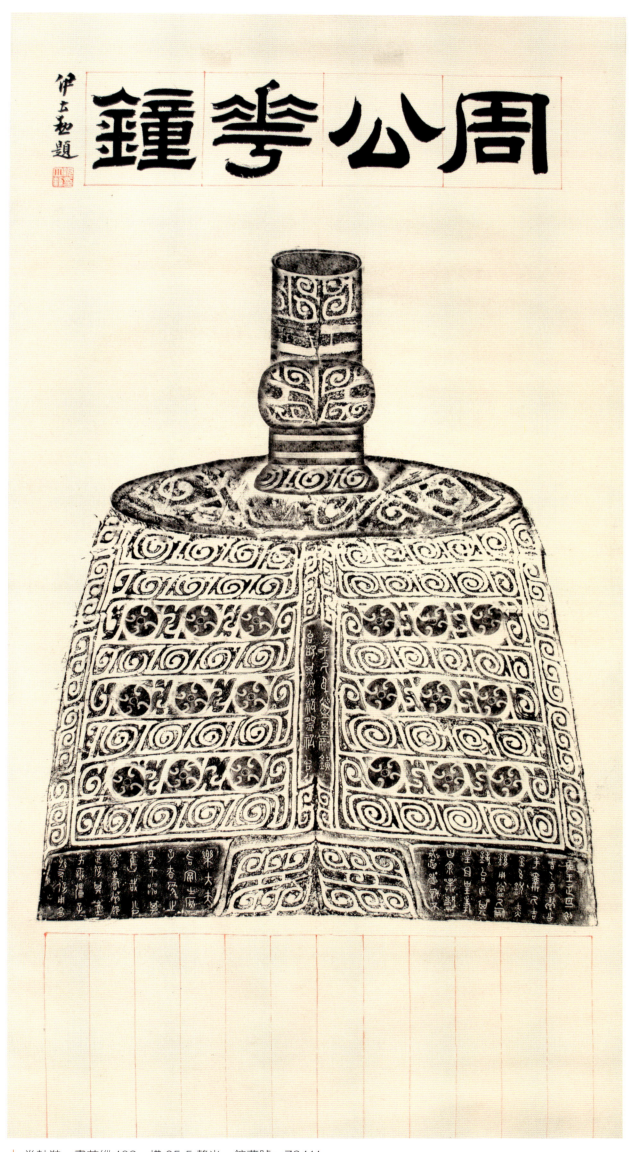

周公華鐘

伊立勳題

卷軸裝　畫芯縱 132、橫 65.5 釐米　館藏號：Z2411

㝬鐘

㝬鐘

㝬鐘，即"胡鐘"，舊稱"宗周鐘"，西周晚期（厲王世）樂鐘，闊腔有幹有旋式，篆間飾有 S 形雙頭夔紋，鼓部飾有一對捲曲夔紋。通高 65.5、舞縱 30、銑間 35.2、鼓間 26.6 釐米，重 34.9 千克。陳廣寧舊藏，現藏臺北故宮博物院。鉦間與鼓部鑄銘文 122 字（其中重文 9 字，合文 2 字），其文曰：

王肇遹省文武，勤疆土，南國𤾨孳敢陷虐我土，王敦伐其至，撲伐厥都，𤾨孳迺遣閒來逆昭王，南夷東夷俱見，廿又六邦，唯皇上帝，百神保余小子，朕猷又成無境，我唯司配皇天，王對作宗周寶鐘，倉倉悤悤，雝雝雍雍，用昭格丕顯祖考先王，先王其嚴在上，㲋㲋數數，降余多福，福余順孫，參壽唯利，㝬其萬年，畯保四國。

見載於《商周青銅器銘文暨圖像集成》29 冊，編號 15633。

民國年間，故宮博物院曾經影印《㝬鐘全形拓》製成卷軸。然世間流傳之拓本均迥異於故宮印本。鼓間、篆間紋飾大有不同，如此繁複的交龍紋，多爲春秋以後樣式。唯銘文内容與行款相同，然點畫又不同，兩者顯然不是出於同一樂鐘。由此可知，世間通行本之銘文必偽無疑。

褚德彝跋本

此爲褚德彝題跋本，係世間流傳之通行本。民國戊辰（1928）九月，褚德彝跋曰：

此鐘阮元《積古齋鐘鼎彝器款識》卷三著錄，凡鉦間銘三十二字，鼓左五十七字，鼓右三十一字，共一百二十字，文云王肇遹相文武，"文武"即指文王武王，所謂"王者"，即指成王而言，"南或"即南國。"陷虐我土"、"撲伐厥都"者，言南方諸國侵犯周之土地，故王以兵伐其國也。其下云"南弓"、"東弓"，

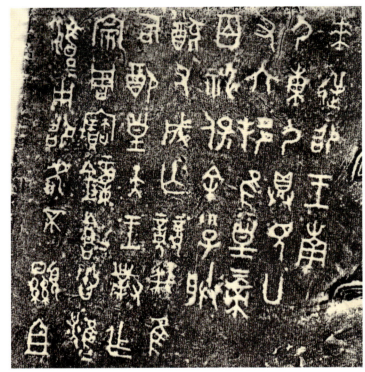

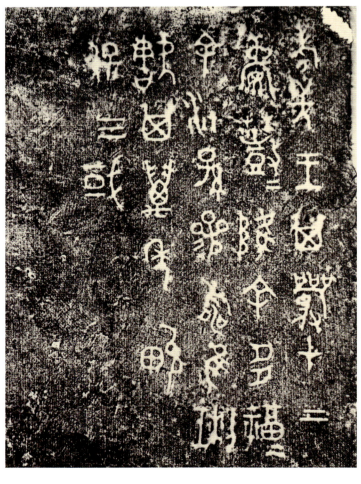

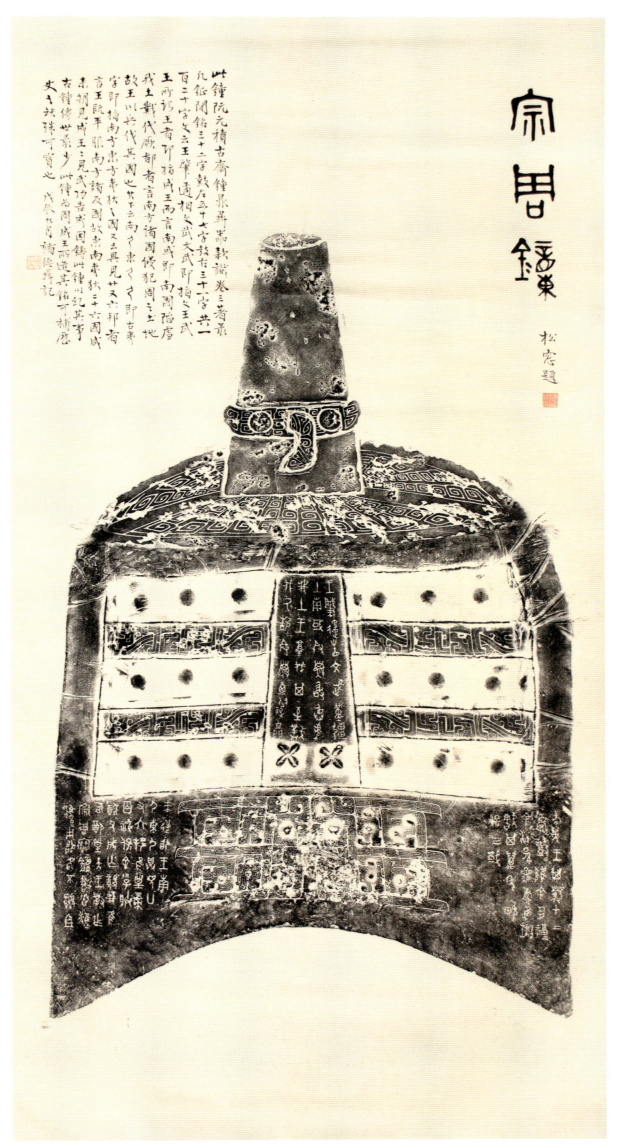

宗婦鍾

松宧題

卷軸裝　畫芯縱136、橫66釐米　館藏號：Z2296

"弓"即古"夷"字,即指南方東方夷狄之國。又云"具見廿又六邦"者,言王既平服南方諸反國,故東南夷狄二十六國咸來朝見成王,王見武功告成,因鑄此鐘,以紀其事。古鐘傳世最少,此鐘爲周成王所造,其銘可補歷史之缺,殊可寶也。

褚德彝(1871-1942),原名德儀,字守隅,號禮堂、里堂、漢威、籀遺、酈堂、松窗、舟枕山人、松窗逸人。浙江餘杭人。碑帖鑒藏家,精於金石考證之學,著有《金石學續補》《六朝石例》《竹人續録》《竹尊宧竹刻脞語》《松窗遺印》等。

附:故宮影印本,鈐有"故宮博物院古物館影印金石書畫之記"印章,上部爲銘文拓本,下部爲全形拓本,兩相對照,優劣自辨。

2017年嘉德秋拍"海盐吴东发藏本"(赵叔孺题端,罗振玉观款),与褚德彝藏本相同,亦出自伪器。

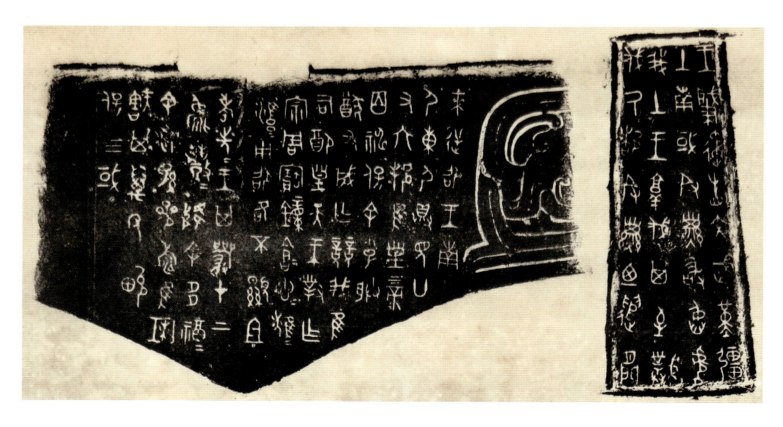

附：故宫影印件

鎛

麋侯鎛

麋侯鎛，戰國早期器。長腔，平口，鏤空蟠螭鈕，有枚直銑，枚作圓餅形，飾有渦紋，篆間、鼓部皆飾有蟠螭紋。通高 19.7 釐米，重 1.5 千克。盧江劉體智善齋舊藏，現藏臺北故宮博物院。

鉦間銘文七字，其文曰：

麋侯自作龢鐘用。

見載於《商周青銅器銘文暨圖像集成》29 冊，編號 15760 者相同。

王文燾藏本

此爲王文燾（椿蔭葊）藏本，鈐有鄒安"適盧金石"印章，内有民國辛酉（1921）王文燾題端：

麋侯龢鐘。宣統辛酉人日，菽瑪。

與《鄭邢叔鐘》（王文燾藏本）Z2375 同屬一套。

麋侯鎛

卷軸裝　畫芯縱 66.5、橫 20 釐米　館藏號：Z2374

楚公逆鎛

楚公逆鎛，西周晚期器，宋政和三年武昌太湖所進古鐘，趙明誠古器物銘云："出於鄂州嘉魚縣"。

鉦間鑄銘文38字（文字左行），其文曰：

唯八月甲申，楚公逆自作大雷鎛，厥名曰：□楝。爲□□屯，公逆其萬年又壽。□□勿□，孫子其永寶。

見載於《商周青銅器銘文暨圖像集成》第29冊，編號：15782。該書沒有收入器物圖片，定名爲"楚公逆鎛"，列"鎛類"中，然觀館藏此件倒置裝裱的全形拓本，是鐃，非鎛，器真銘文僞。

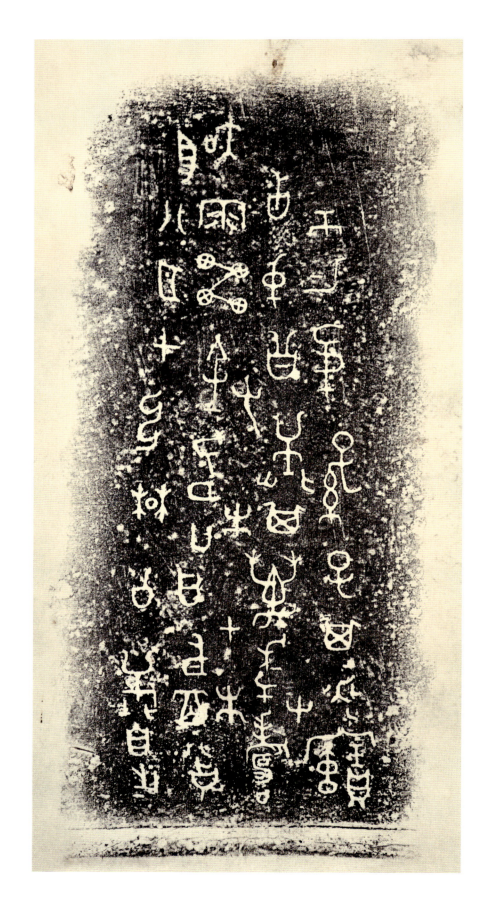

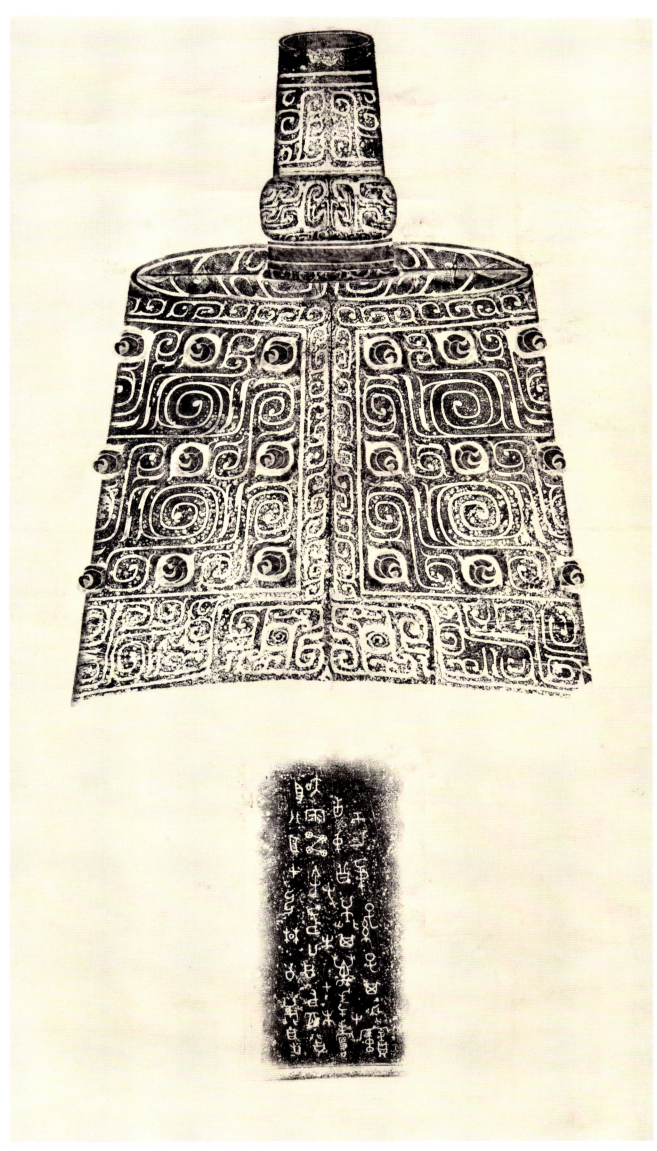

卷軸裝　畫心縱 126、橫 62 釐米　館藏號：Z2417

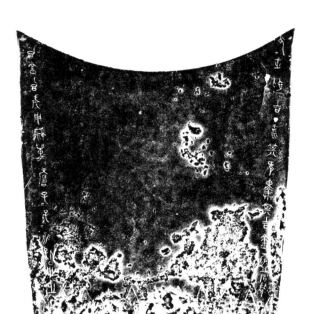

句鑃

其次句鑃

其次句鑃

其次句鑃,春秋晚期器。扁圓筒狀,長方扁柄,口曲,腔體窄而深,兩側略傾。道光初,於浙江武康縣山中出土,共七枚,其中唯有兩件有銘文,一爲劉喜海舊藏,另一爲浙江海昌蘇花農舊藏,後歸徐渭仁(紫珊),兩器現藏北京故宮博物院。銘文共 31 字(其中重文 2 字),其文曰:

> 唯正初吉丁亥,其次擇其吉金鑄句鑃。以享以孝,用祈萬壽,子子孫孫,永保用之。

劉喜海藏器,銘文 30 字,缺起首"唯"字。

見載於《商周青銅器銘文暨圖像集成》第 29 冊,編號 15981－15982。

高絡園藏本

此拓出自徐渭仁藏器,高絡園藏本,鈐有戴培成、戴光曾、王瓘、陳璜印章。此本與《商周青銅器銘文暨圖像集成》編號 15982 相同。

拓本右側題顧文治(桐君)觀款:

> 道光十四年(1834)重陽前日,桐君顧文治觀于曹氏古林閣。

拓片左側題蔣寶齡(子延)觀款:

> 道光甲午(1834)秋九月昭文蔣寶齡觀。

卷軸外簽題有:

> 句鑃,文三十一,絡園藏,戊戌(1958)五月。(下題銘文釋文略)。

蔣寶齡,字子延、有筠,號霞竹、琴東、琴東逸史。江蘇昭文(今常熟市)人,清代畫家、詩人。著有《墨林今話》《琴東野屋詩集》。

高時敷(1886－1976),字繹求,又字弋虯,號絡園。浙江杭州人,寓居上海。高時豐、高時顯弟,並稱"高氏三傑"。近代篆刻家、收藏家。輯有《樂只室古璽印存》《樂只室印譜》等。

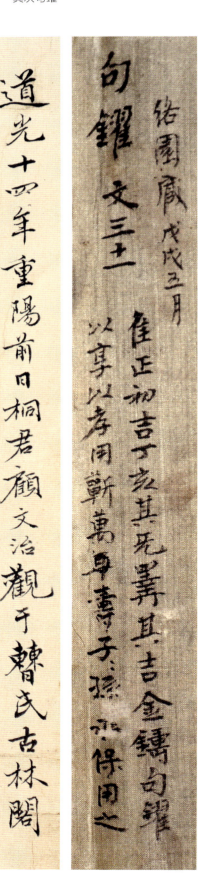

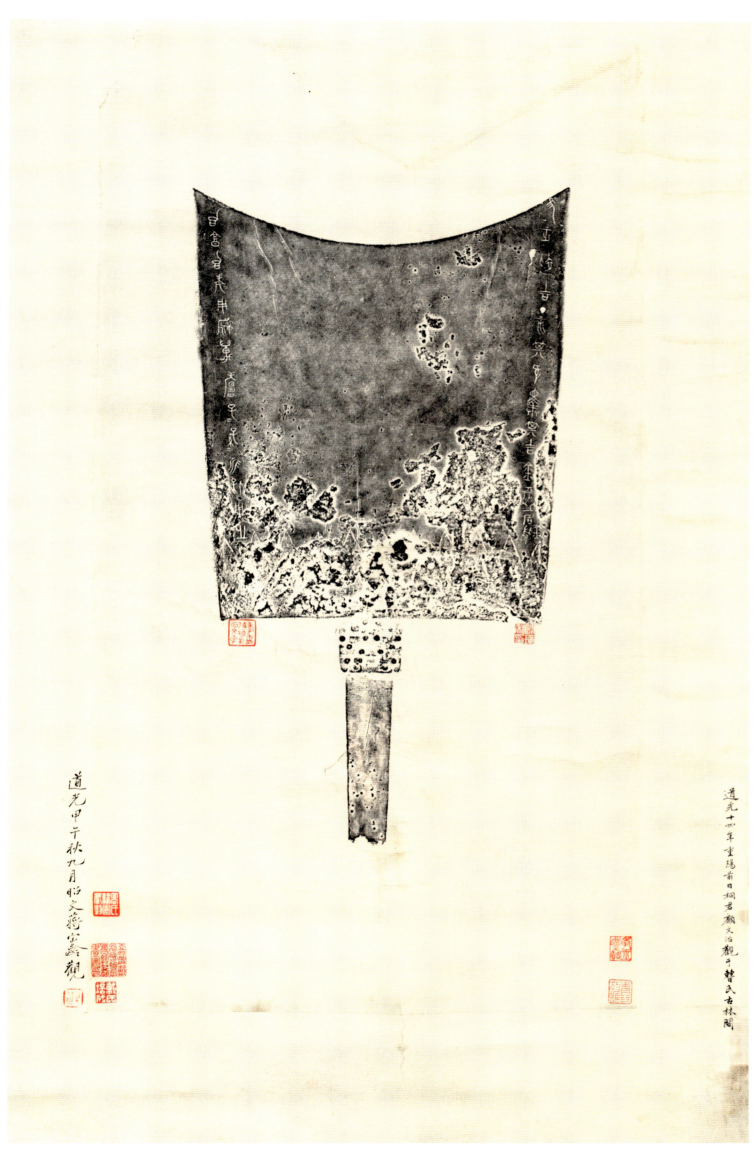

卷軸裝　畫芯縱 73、橫 46 釐米　館藏號：Z2333

費念慈藏本

此拓出自徐渭仁藏器，爲費念慈藏本，鈐有"陳汩之印""朗山"印章，費念慈題簽："張廷濟清儀閣藏器"。此本與《商周青銅器銘文暨圖像集成》29冊，編號15982相同。

費念慈（1855－1905），字屺懷，號西蠡，晚號藝風老人。江蘇武進人。光緒十五年（1889）進士，授翰林院編修。清代藏書家，因收藏到宋人左建《江林歸牧圖》，遂將藏書樓名曰"歸牧堂"。 精金石目錄之學，冠絕一時。著有《歸牧集》《周禮政要》《潘文勤公遺集目》。

卷軸裝　畫芯縱 50、橫 34 釐米　館藏號：S0272

附：唐阿弥陀經鐘

此鐘刻阿彌陀經，分刻兩面，未著年月，書法均與桐鄉金氏藏《大中銅磬》相同，依其字體可定爲唐代，經汪鳴鑾、張增熙遞藏。

吳昌碩跋本

民國己未（1919）夏，張增熙（查客）購得唐阿彌陀經鐘後，即精拓數份。此張拓本上留有張增熙親筆題記，以及民國庚申（1920）六月吳昌碩題詩，同年十月，褚德彝寫題簽，另鈐有"己未五月吳興張增熙得唐阿彌陀經鐘永充供養"印章。民國壬戌（1922）春二月，再添褚德彝題記。

張增熙(1875-1922)，又名張熙，字弁群，號查客、槎客。浙江南潯人。爲富紳"南潯四象"之一張頌賢的孫子，張寶善之長子，張靜江之長兄。在上海、紐約、巴黎和倫敦等地開辦通運公司，發展對外貿易，張增熙任總經理。作爲成功商人的張增熙酷愛金石書畫碑帖，富收藏，精鑒別。

褚德彝外簽：

唐阿彌陀佛經鐘拓本，安心室藏器，庚申(1920)十月松窗題。

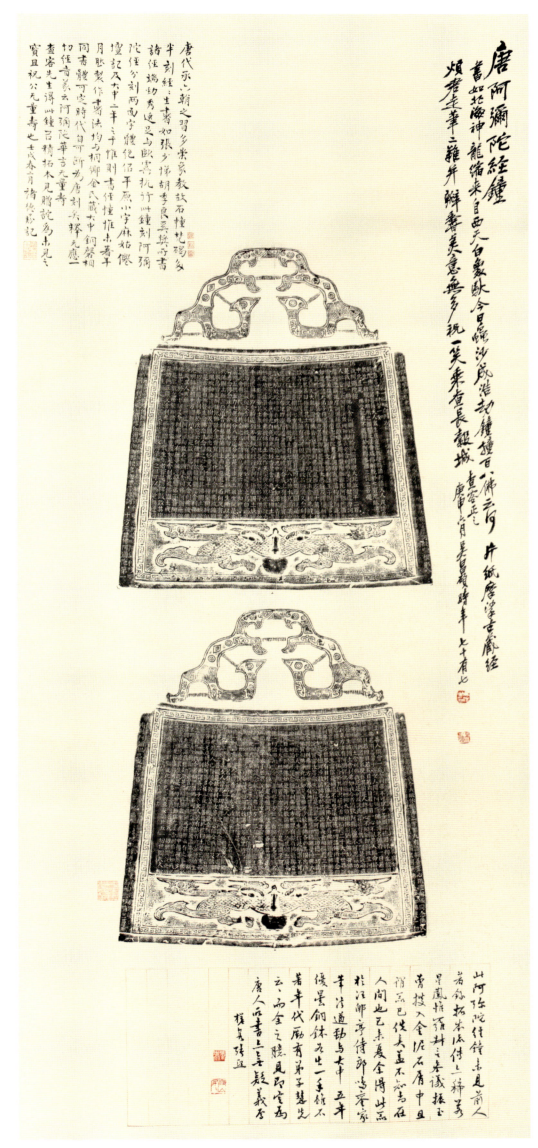

唐阿彌陀經鐘

張熙題記：

此阿彌陀經鐘未見前人著録，拓本流傳亦稀若星鳳，惟羅叔言參議振玉曾搜入《金泥石屑》中，且謂器已佚矣，蓋不知尚在人間也。己未（1919）夏，余得此器於汪郎亭侍郎鳴鑾家，筆法遒勁與大中五年優曇銅缽如出一手，雖不著年代，僅有弟子慧先云云。而余之臆見即定為唐人所書，亦無疑義焉。槎客張熙。

吳昌碩題詩：

唐阿彌陀經鐘。

書如北海神龍縮，來自西天白象馱。

今日蟲沙成浩劫，鐘撞百八佛云何。

片紙摩挲古藏經，煩君走筆二難並。

瓣香美意無多祝，一笑乘查長轂城。

查客正之，庚申（1920）六月吳昌碩時年七十有七。

褚德彝題記：

唐代承六朝之習多崇象教，故石幢梵碣多半刻經，經生書如張少悌、胡季良、奚奬所書諸經端勁秀逸，足與歐虞抗行。此鐘刻阿彌陀經，分刻兩面，字體絕似平原《小字麻姑仙壇記》及大中二年之《于惟則書經幢》，惟未著年月，然製作書法均與桐鄉金氏藏《大中銅磬》相同，書體可定時代，自可斷為唐刻矣。釋元應《一切經音義》云：阿彌陀華言無量壽。查客先生得此鐘以精拓本見贈，詫為未見之寶，且祝公無量壽也。壬戌（1922）春二月，褚德彝記。

另，2014年4月，見朵雲軒拍賣公司亦有《唐阿彌陀經鐘》卷軸一件，為張增熙拓贈吳昌碩者，內有民國己未（1919）冬吳昌碩題詩（詩句與本卷相同），亦有張增熙題記、褚德彝題端。

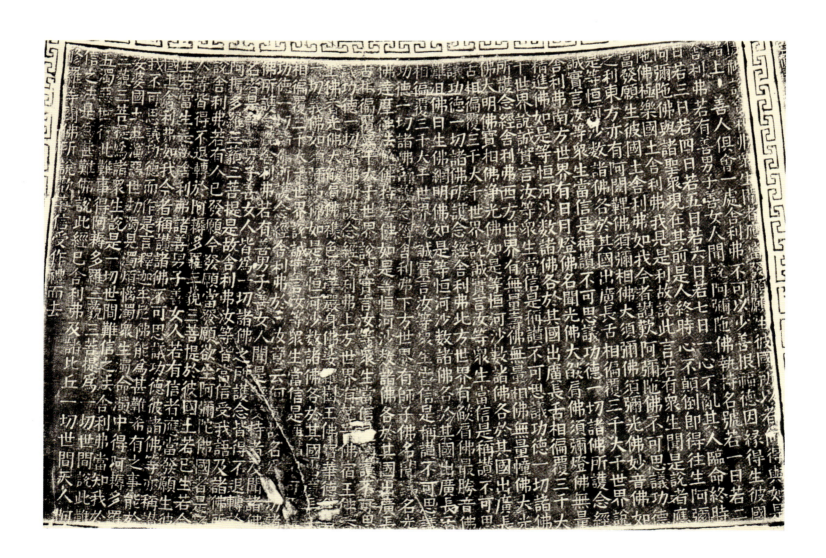

102

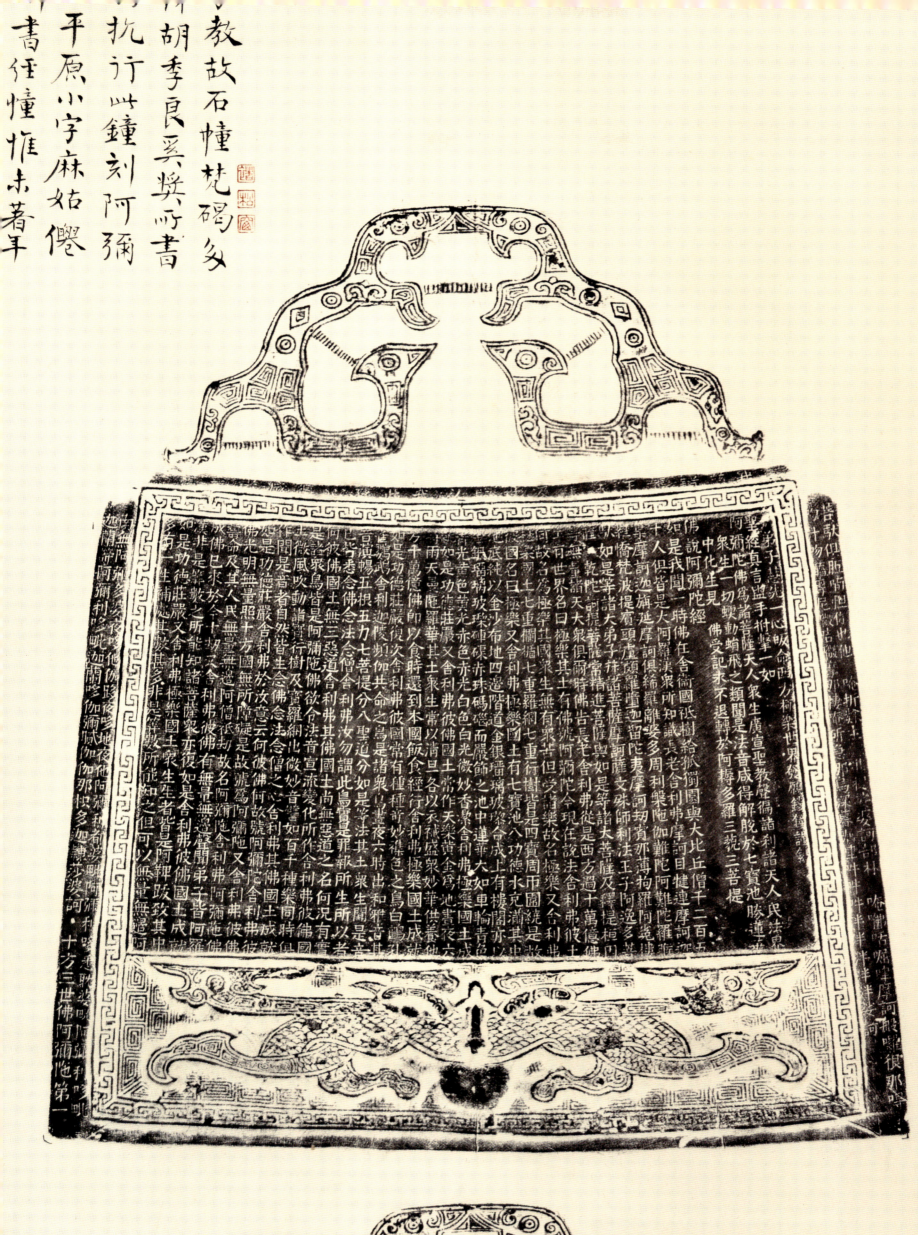

教故石幢梵碣多
仟胡季良奠煥聽書
抗行以鍾刻阿彌
平原小字麻姑壇
書任幢惟未著年

趙時棡藏本

此本爲《唐阿彌陀經幢》全形拓本，係民國九年（1920）十二月張增熙拓贈趙時棡者，拓本鈐有"槎客所得吉金""己未五月吳興張增熙得唐阿彌陀經鐘永充供養"印章，後歸高時敷收藏。卷軸有 1957 年高時敷外簽：

> 唐阿彌陀經幢，趙叔孺舊藏，丁酉七月，
>
> 絡園。

高時敷（1886-1976），字繹求，又字弋虬，號絡園。浙江杭縣人，寓居上海。高時豐（存道）、高時顯（野侯）兄弟三人，並稱"高氏三傑"。工書畫篆刻，富收藏，精鑒別，西泠印社耆宿。輯有《樂只室璽印存》《樂只室秦漢印譜》《二十三舉齋印摭》等。

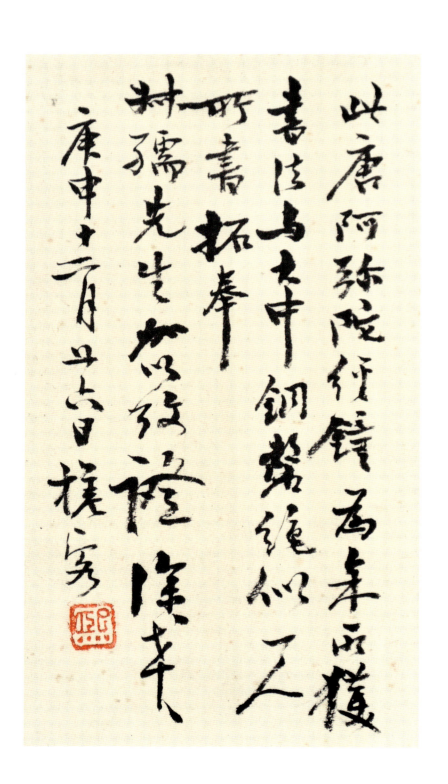

趙時棡（叔孺）篆書題端：

> 唐阿彌陀經鐘，藏吳興張氏，甲子（1924）秋日，趙叔孺。

趙時棡（1874-1945），字叔孺，號紉萇，後以字行。浙江鄞縣人。寄居上海，家中藏有東漢延熹、蜀漢景耀兩個弩機，故顏所居曰"二弩精舍"，擅書畫，篆刻追慕秦漢，自成一家。著《二弩精舍文存》《漢印分韻補》《古印文字韻林》等。

張增熙（槎客）題記：

> 此唐阿彌陀經鐘爲余所獲，書法與大中銅磬絕似一人所書，拓奉叔孺先生加以考證，深幸。庚申（1920）十二月廿六日，槎客。

張增熙（1875-1922），字弁群，號槎客、查客。浙江南潯人。爲富紳"四象"之一張頌賢之孫，張寶善之子，張靜江長兄。好金石書畫，精究鑒別。

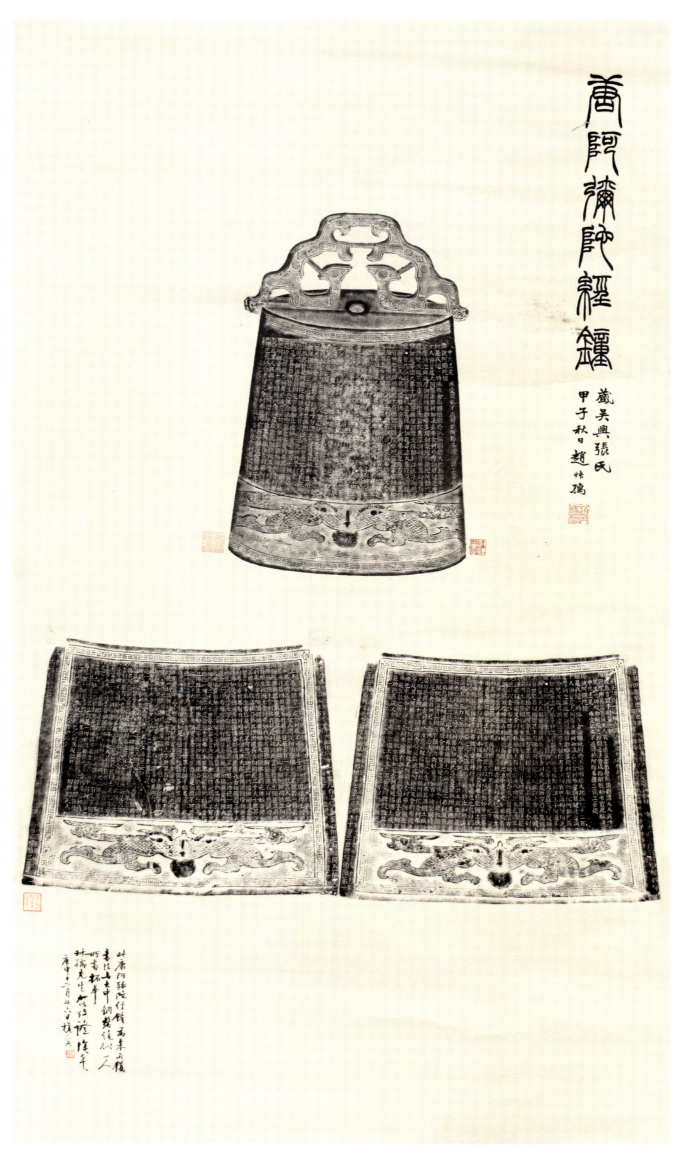

卷軸裝　畫芯縱133/橫67釐米　館藏號：Z1422

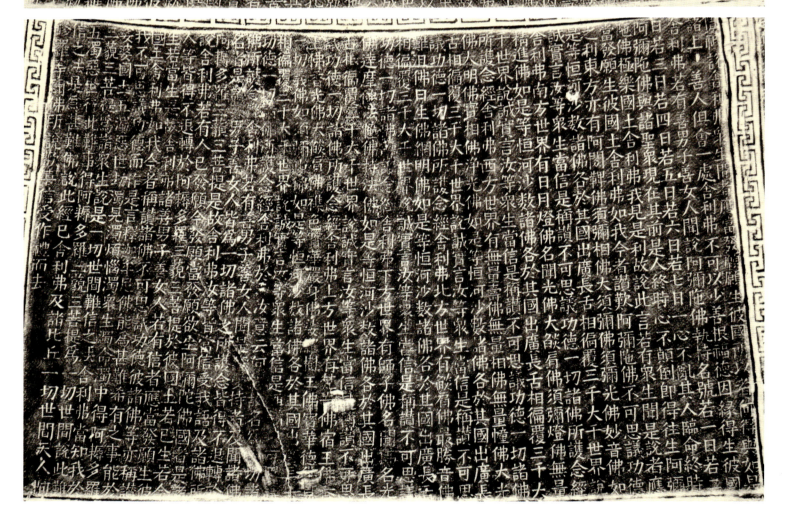

紙上吉金

鍾鼎彝器善本過眼録

食器

鼎

敦氏鼎

敦氏鼎，舊稱"卿鼎"，商代晚期器。深腹微鼓，圜底，三柱足，口沿下飾有獸面紋。內壁鑄銘文"敦氏"二字。李國森藏器。

見載於《商周青銅器銘文暨圖像集成》第1冊，編號00613，銘文略同，然鼎身紋飾不是獸面紋，而是連珠紋鑲邊的雲雷紋。

李國森藏本

此爲李國森（蔭軒）藏本，鈐有"蔭軒所得""合肥李蔭軒家珍藏""王秀仁手拓金石文字"印章。王秀仁手拓本，留有民國三十六年（1947）李國森題記。

鼎身襯底的回紋過於方折，與商代器特徵不符，故而真偽存疑。

李國森題記：

商敦鼎，民國甲戌（1934）安陽出土，嘉平二十七日，余生朝，適賈人携來，遂留案頭，愿效法蘇齋老人，每逢誕日置一器也。

丁亥（1947）孟冬，合肥李國森識。

李國森（1911—1972），字蔭軒，齋名選青艸堂。李鴻章侄孫，李經義次子，安徽合肥人。好吉金，富收藏，精鑒別。新中國成立後將其一生所藏錢幣、鐘鼎彝器捐獻上海博物館。

商敦鼎民國甲戌安陽出土嘉平二十七日余生朝適賈人携來遂留案頭顧效瀘蘇齋老人每逢誕日置一器也

丁亥孟冬 合肥李國森識

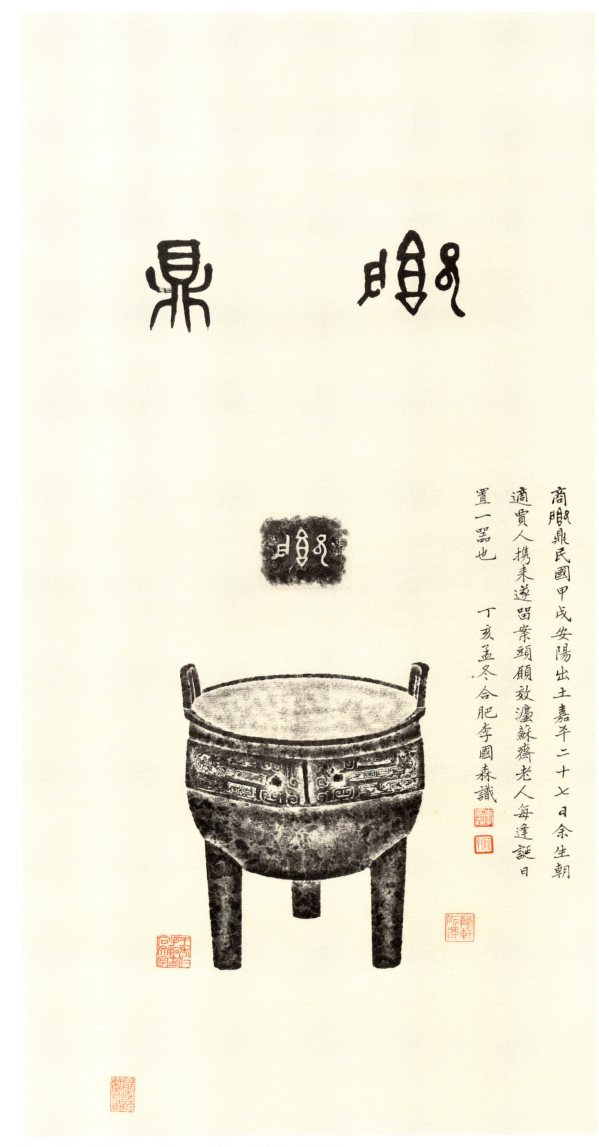

商朕鼎民國甲戌安陽出土嘉平二十七日余生朝
適貫人携来遂出茶頭顧效瀘蘇齋老人每逢誕日
置一器也 丁亥孟冬合肥李國森識

卷軸裝　畫芯縱 63.5、橫 32.5 釐米　館藏號：Z2517

亞矣鼎 附：伊簋銘

亞矣鼎

　　亞矣鼎，商代晚期器，傳出安陽大墓。四足方鼎，兩立耳，窄沿厚方唇，深腹平底，通體有八道扉棱，口沿下飾夔龍紋，其下爲獸面紋，足上浮雕獸面。經韓芸舫、吳式芬、日本奈良寧樂美術館遞藏。2002年11月和2017年9月兩次現身於紐約佳士得拍場。

　　内壁鑄銘文兩字：亞矣。

　　見載於《商周青銅器銘文暨圖像集成》第1冊，編號00562。

附：伊簋銘

　　伊簋，西周晚期器。日本京都小川睦之輔氏舊藏，現藏日本奈良國立博物館。弇口鼓腹，獸首雙耳，下有象鼻紋垂珥，矮圈足沿外侈，器口下飾竊曲紋，腹飾瓦溝紋，圈足飾垂鱗紋及浮雕獸頭。此拓爲吳重熹（吳式芬之子）石蓮手拓，鈐有："石蓮閣拓"印章。

　　此簋見載於《商周青銅器銘文暨圖像集成》第12冊，編號05339。

　　内底鑄銘文104字（其中重文2字），其銘曰：

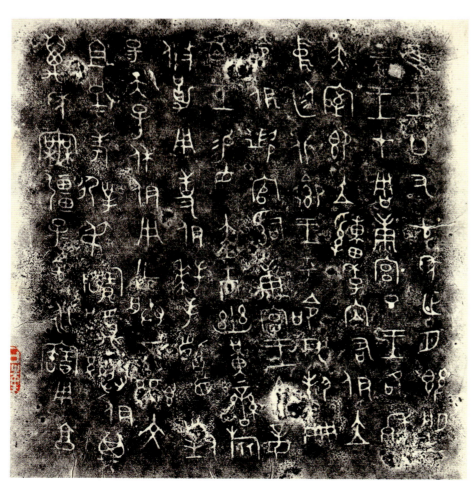

> 唯王廿又七年正月既聖丁亥，王在周康宫，旦，王格穆太室，即位，申季入右伊，立中廷，北嚮，王呼命尹封册令命伊：𦥑官司康宫王臣妾、百工，錫汝赤市、幽黄、鑾旂，攸勒，用事。伊拜手稽首，對揚天子休，伊用作朕丕顯文祖皇考㡇叔寶鼎彝，伊其萬年無疆，子子孫孫永寶用享。

　　吳重熹（1838—1918），字仲懌。號石蓮，吳式芬次子，陳介祺女婿，山東海豐人。清末藏書名家。著有《石蓮閣詩文集》《石蓮閣詞》《石蓮閣樂府》《豫醫雙璧》。

亞吳鼎

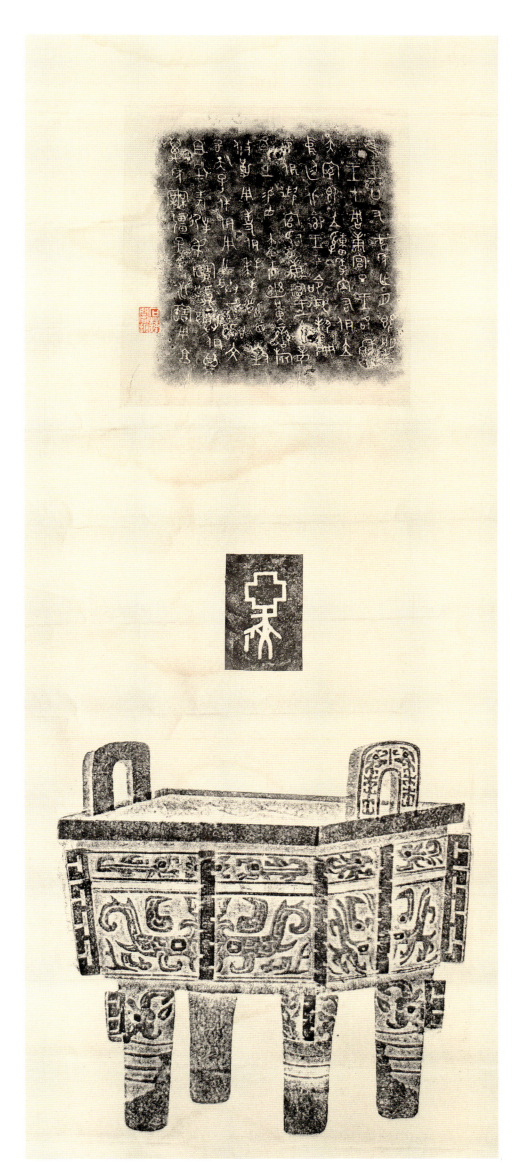

卷軸裝　畫芯縱 110、橫 32.5 釐米　館藏號：Z1691

尊父丁鼎

尊父丁鼎，商代晚期器，體呈長方槽形，窄沿方唇，直壁雙立耳，四柱足高細，體四角及四壁中綫均有扉棱，口下飾有彎角卷尾鳥紋，腹部飾有曲折角獸面紋，以雲雷紋襯底。曾經劉喜海、周鴻孫（湘雲）收藏。方鼎內壁鑄銘文"尊父丁"三字。

見載於《商周青銅器銘文暨圖像集成》第 2 冊，編號00844。僅存銘文拓片，未見鼎圖。

王文燾藏本

此拓爲王文燾（君覆）福迎齋藏本，全形拓鼎圖之鼎足花紋爲王文燾金綫勾勒。存有民國十六年（1927）、民國十七年（1928）王文燾題記兩則。卷軸上方，王文燾題記：

> 尊形父丁鼎。見吳子苾閣學《攈古錄》及朱建卿助教《敬吾心室款識》，今藏周湘雲觀察二師酉簠齋，色澤古茂，商殷之器也。丁卯（1927）春日，瀋治爲軸並識。籀庼。

卷軸下方，王文燾題記：

> 尊形父丁鼎，舊藏東武劉燕庭布政味經書屋，《清愛堂款識帖》及靈鶼閣編《劉氏藏器目》咸著錄之。丙寅（1926）夏日，隨侍家大人北上津沽，展觀於羅叔言參事，許獲得布政精拓《味經書屋鐘鼎彝器圖譜》一巨冊，共四十餘器，皆具全形，拓工精絕，罕與比倫，是鼎預焉。今以勘校是拓，與譜尺度紋彰悉同，惟鼎之四足譜有花紋，此拓則無之，蓋足爲圓柱，氈椎較難，拓工憚於施墨，以油素剪成柱形而拓之，故鼎身有雲雷之形如譜，而四足則否也。今據圖譜以金勾勒，俾勿缺佚。布政藏器後大都歸山左濰縣陳簠齋太史，此鼎殆又從陳氏流轉江南也。
>
> 　戊辰（1928）三月晦日，華陽王君覆識於福迎齋南牖下。

王文燾，字君覆，號叔廡、瑟公。王秉恩之子，四川華陽人。清末民初學者，喜金石，富藏書。著有《椿蔭宧初草》《鹽鐵論校記》《春秋左氏古經》等。

卷軸裝　畫芯縱 99、橫 31 釐米　館藏號：Z1154

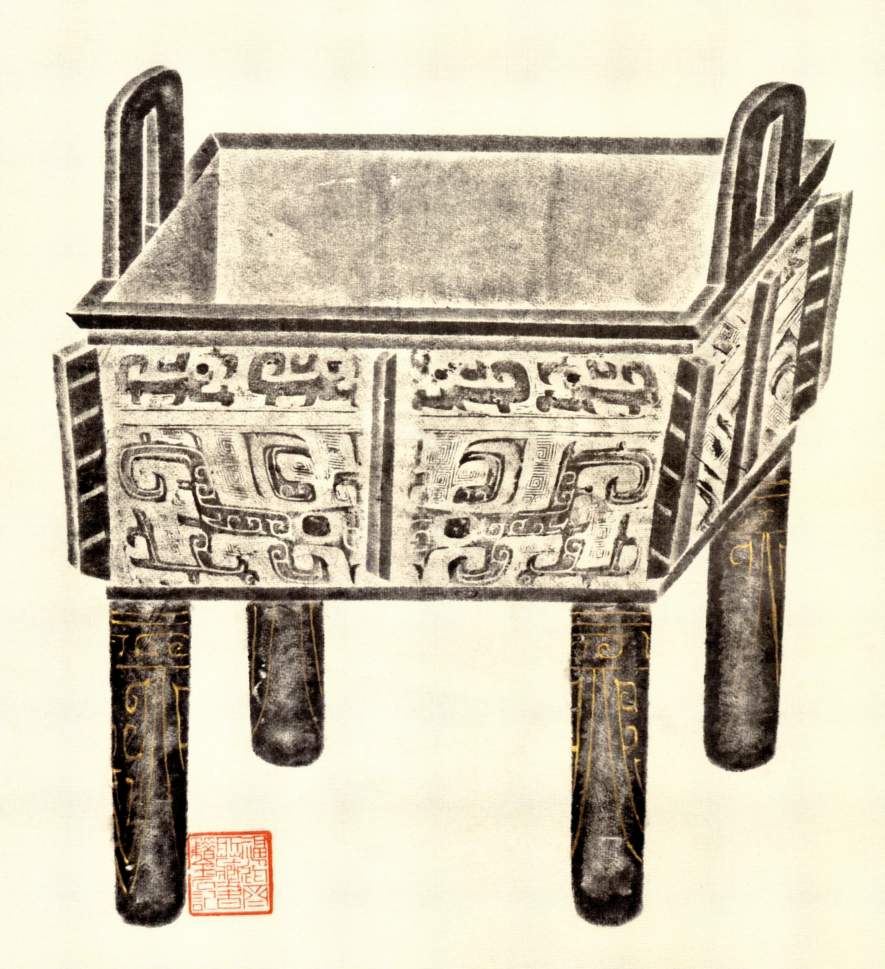

尊彤父丁鼎

見吳子芯商學擴古錄及朱建卿助教
敬吾室款識今藏周湘雲觀察二
師酉皎然一色澤古茂商殷之器也
丁卯春日澥治為軸並識 菊屛

尊彝父丁鼎舊藏東武劉鷰庭布政味經書屋清悶堂款識
帖及靈鶼閣編劉氏藏器目咸箸錄之丙寅夏日隨侍 家大人北上
津沽展 觀於羅卡言參事許雙舉布政精拓味經書屋鐘鼎
彝器圖譜一巨冊共三十餘器皆具全形拓工精緻罕與此倫是鼎預焉
今以錢校是拓與譜尺席彩彰悉同惟鼎之四足譜青箸彭彭此拓則無之蓋
足為圓擅椎較鶼拓工憚於施墨以油繁蔞成柱形而拓之故鼎身有雲罢之
形如譜而四足則呑也今攬圖譜以金句勒俾勿缺佚布政藏器後大都遲山
左濰縣陳盡坐太史此鼎殆又從陳氏流轉江南也 第五行度詑席六行圓下隻柱字
戊辰三月晦日藜昜陽王君慶識於福迤坐南臁下

119

子鼎

子鼎，舊稱"子刄鼎"，商代晚期器。平沿方唇，口沿上一對立耳，腹鼓底圜，三條柱足，頸部飾有雲雷紋組成的獸面紋。舊爲汪鋆收藏，今不知下落。

內壁銘文 5 字，其文曰：

子刄鼎盟彝

見載於《商周青銅器銘文暨圖像集成》第 3 册，編號 01416，僅見銘文拓片，未見鼎圖。

汪鋆拓本

此爲汪鋆（硯山）手拓本，存光緒五年至八年（1879—1882）名家題記觀款數則。此件全形拓本鈐有"硯山手拓"，雖拓工不精熟，然頗具文人味，且出於器物藏家、金石名家之手，亦屬難能可貴。

汪鋆（1816—？），字硯山，亦作研山，室名十二硯齋、春草堂。江蘇儀徵人。工詩文，精金石考證，善山水花卉。著有《揚州畫苑録》《十二硯齋隨録》《十二硯齋文録》《十二硯齋金石過眼録》《梅邊吹笛詞》等。

卷軸頂部，有汪鋆（硯山）題記：

周子刄鼎。

右鼎以建初尺度之高九寸，徑八寸七分，足高四寸，兩耳高二寸。準永元權重十一斤有奇。銘五字："子刄鼎銘彝"，"刄"《說文》作"刀"，刀堅也，象刀有刃之形。薛書載"子孫父丁鼎二"，前上一字作持刀之狀者，孫也，其與子執弓、子執戈之義同。又云：凡祭享之器，著云刀戈戟者，蓋銘其有武功也。此銘子刄之義，當以此下一盟字，或如襄公九年子駟之要盟，抑即哀公九年吳之尋盟。會盟之際，不盡玉帛率皆有武意存乎其間，故曰子刄鼎

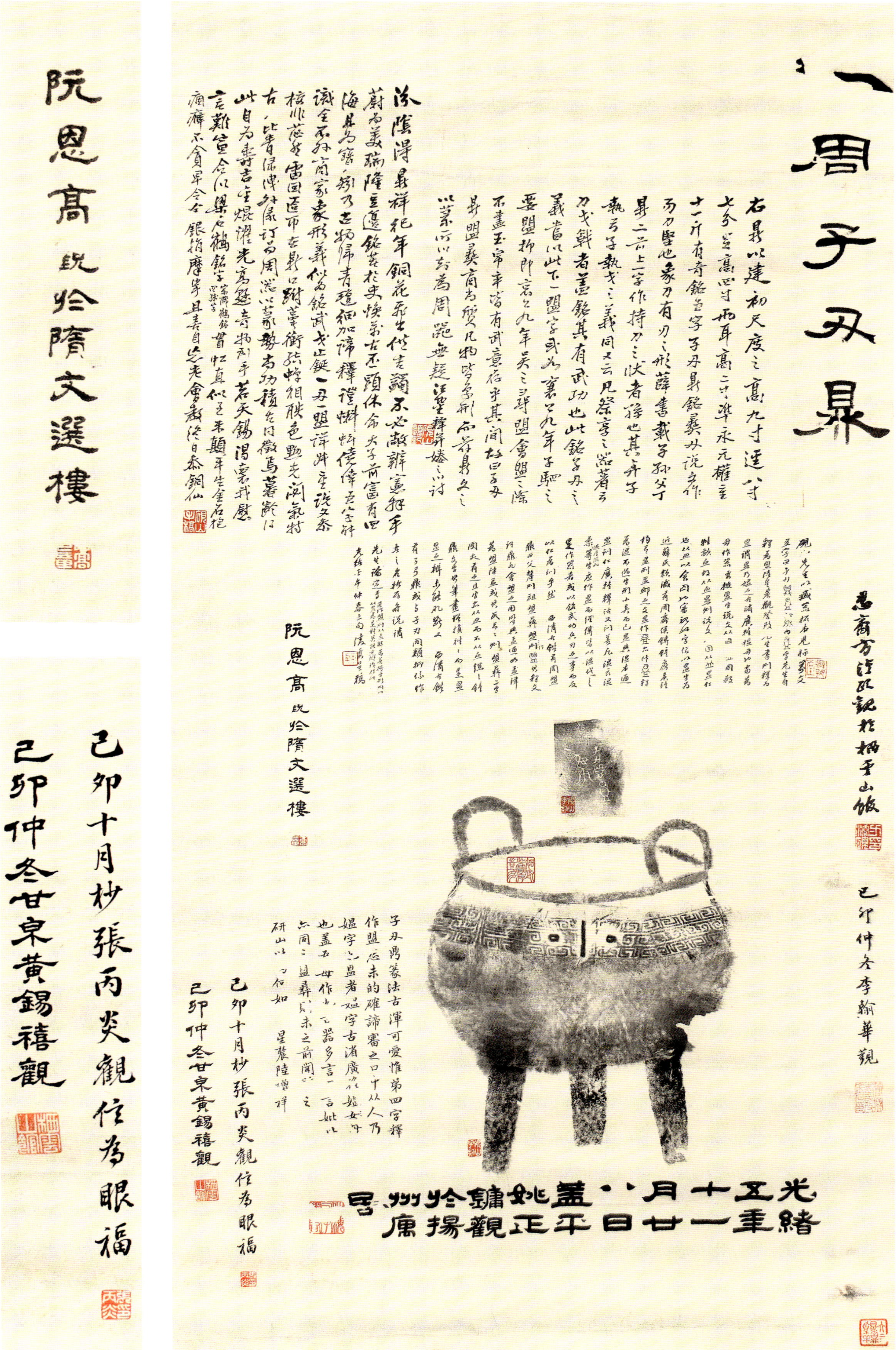

周子丑鼎

合以梁石鶴銘字，貫虹直似至末顛。

盟彝。商尚質，凡物皆象形，而茲鼎文之以篆，
所以知爲周器無疑。汪鋆釋并賸之小詩。

    汾陰得鼎祥紀年，銅花飛出供吉蠲。
    不必敲辨憲拜手，蔚爲美瑞隆豆邊。
    銘著於史煥萬古，丕顯休命天子前。
    富有四海且爲寶，矧乃古物歸青甎。
    細加諦釋證蝌蚪，僥倖五字能識全。
    不外商家象形義，似爲銘武戈止鏟。
    一卣一盟詳叔重，説文參校非茫然。
    雷回匼帀在鼎口，跗萼銜疏結蟬相聯。
    色黝光閟氣特古，□比清綠淺外緣。
    訂爲周器以篆勢，尚功積古同徵焉。
    暮齡得此自爲壽，吉金焜耀光高懸。
    奇物到手若天錫，渴懷我慰言難宣。

    平生金石抱痼癖，不貪早令全銀捐。
    摩挲且喜自忘老，會教終日參銅仙。

拓片正上方，有光緒八年（1882）凌霞題記：
    硯山先生以藏器拓本見視，篆文五字曰：
"子及鼎盟彝"，內"盟"字先生自釋爲"盨"，
陸星農觀察致先生書則釋爲"盌"，謂"盌"
乃"媼"之古省，《廣雅》媼，母也。當爲
母作器。霞按："盨"字《説文》從"囧""皿"，
因殺牲歃血，故從"血"。"盌"則《説文》
從"囧"從"皿"，"盌"，仁也，從"皿"，
以食囚也。審視此字似以"盌"字爲近，《薛
氏款識》有《周齊侯鎛鐘》《齊侯鐘》均有"盌
刑盌卹"之文，"盌"作"盌"，亦作"盌"，

釋爲"溫",不過字形小異而已。"昷"與"溫"本通,"昷"訓"仁"。《廣雅·釋詁》訓"善",凡溫良、溫柔、溫厚、溫和等字應作"昷"而皆以"溫"代之,是作器者或以銘武功兵刃之事而反以仁爲訓乎?然《西清古鑒》有《周盟鼎》曰"父聲則祖盟彝","盟"作"盥",其釋文謂鼎非會盟之用,"盟"與"孟"通,如"孟津"爲"盟津","孟"或其氏云云,則"盟彝"二字固亦有之,且字亦從"皿"而不從"血",總之,鐘鼎文字其筆畫增損往往而是,"昷""盥"之辨未能臆斷,又《西清古鑒》有子弓鼎或與子刃同類,抑係作者之名,姑存各説請先生論定焉。(若作"盟"則從"孟"解爲善,據字形則以從"昷"爲是,疑莫能定,附識於此。)

光緒壬午(1882)仲春上旬凌霞呈稿。

凌霞(1820—1890),一名瑕,字子興,號病鶴、樂石野叟、塵遺、癖琴居士。浙江歸安人。通金石文字之學,工詩,善寫梅,書法董其昌。與楊峴、陸心源、施補華等人稱"茗上七子"。著有《天隱堂文録》《癖好堂收藏金石書目》《天隱堂集》。

全形拓左側,有陸增祥題記:

子又鼎篆法古渾可愛,惟第四字釋作"盟",恐未的確。諦審之,"口"中從"人"乃"媼"字也。"昷"者"媼"字古省,《廣雅》:媼,母也,蓋爲母作也。古器多言媼言姚,此亦同之。盟彝則未之前聞。質之研山以爲何如?星農陸增祥。

陸增祥(1816—1882),字魁仲,號星農、莘農莘星。江蘇太倉人。道光三十年(1850)狀元,官湖南辰永沅靖道。精金石學,著有《八瓊室金石補正》《八瓊室古磚録》《山左金石目》《篆墨集詁》等。

卷軸中部兩側,有觀款數則:

忍齋方濬頤觀於栖雲山館。
阮恩高觀於隋文選樓。

方濬頤(1815—1888),字子箴,號夢園、忍齋。安徽定遠人。清道光二十四年(1844)進士。曾任兩廣鹽運使兼署廣東布政使、四川按察史等職。晚年在揚州開設淮南書局,重修平山堂。著有《二知軒詩文集》《忍齋詩文集》《夢園瑣記》《夢園書畫録》《方夢園叢書》《古香凹詩餘》。

阮恩高(1831—1890),字景岑,又字沂農。阮元之孫,江蘇儀徵人。精文字學,善篆隸,能篆刻,工鐘鼎全形拓。

卷軸下部,另有觀款數則:

光緒五年(1879)十一月廿八日,蓋平姚正鏞觀於揚州寓居。
己卯(1879)十月杪張丙炎觀,信爲眼福。
己卯仲冬甘泉黃錫禧觀。
己卯仲冬李翰華觀。

光緒五年(1879)十一月二十九日,揚州个園新主人李培松作爲東道,邀請詩友赴个園"栖雲山館"舉行雅集,以上數人觀款皆在此時段。

黃錫禧,字子鴻,號鴻道人、涵青閣主、勺園,齋名栖雲山館。著名鹽商、揚州个園主人黃至筠之子,原籍浙江仁和,因經營兩淮鹽業,而著籍揚州府甘泉縣。工詩詞,著有《棲雲山館詞存》。

姚正鏞(1811-?),字仲海、仲聲,號柳衫、渤海外史,齋名吾意盦、種松堂。遼寧蓋平人。治金石,嗜收藏,善書畫。著有《吾意盦長短句》。

張丙炎(1826-1905),字午橋,號藥農,齋名榕園、賜綺樓、冰甌館。江蘇儀徵人。咸豐九年(1859)進士,授翰林院編修,官廣東廉州府知府。能詩詞,富收藏,有《冰甌館詞鈔》《榕園叢書》傳世。

注:光緒七年(1881)冬,張丙炎約汪鋆、方濬頤、黃錫禧等詞友結消寒詞社於揚州榕園。

李翰華,字佑卿,號梅仙。廣西永福管城人,李熙垣侄曾孫。曾任池州府知府。工篆刻,善畫梅,輯有《洛學編》。

中明鼎

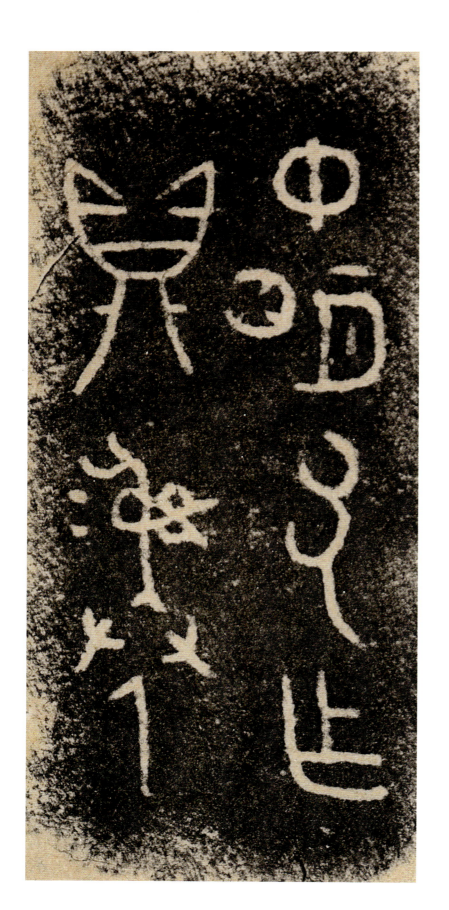

中明鼎，平沿方唇，口沿上一對立耳，三蹄足圓鼎，頸部飾有雲雷紋組成的獸面紋帶。鑄文"中明父作鼎彝"六字，西泠印社藏器。

《商周青銅器銘文暨圖像集成》和《殷周金文集成》諸書皆未收錄。

汪厚昌跋本

此爲吳隱拓本，潘飛聲（老蘭）舊藏，拓本鈐有"山陰吳隱石潛長壽印""潘老蘭""阮酒陶琴之室"印章。

吳隱（1867—1922），原名金培，字石泉、石潛，號遯盦、潛泉，齋名纂籀簃、松竹堂。浙江紹興人。西泠印社創始人之一。擅製印泥，精心研製"潛泉印泥"。有《潛泉遺跡》《遯庵藏印》《遯盦秦漢印譜》《纂籀簃古鉨選》《遯盦叢編》傳世。

汪厚昌題記：

> 周中明鼎。是鼎今藏西泠印社，文曰"中明乀作鼎彝"，按"乀"以文義推之，當即"父"字之變，未知是否？汪厚昌。

汪厚昌（1872—1943），字吉門，號了翁，齋名後飛鴻堂。浙江仁和人。西泠印社早期社員。輯有《歷代古印大觀》《説文引經匯考》《再續國朝先正事略》《後飛鴻堂印存》《中華民國史料稿》等。

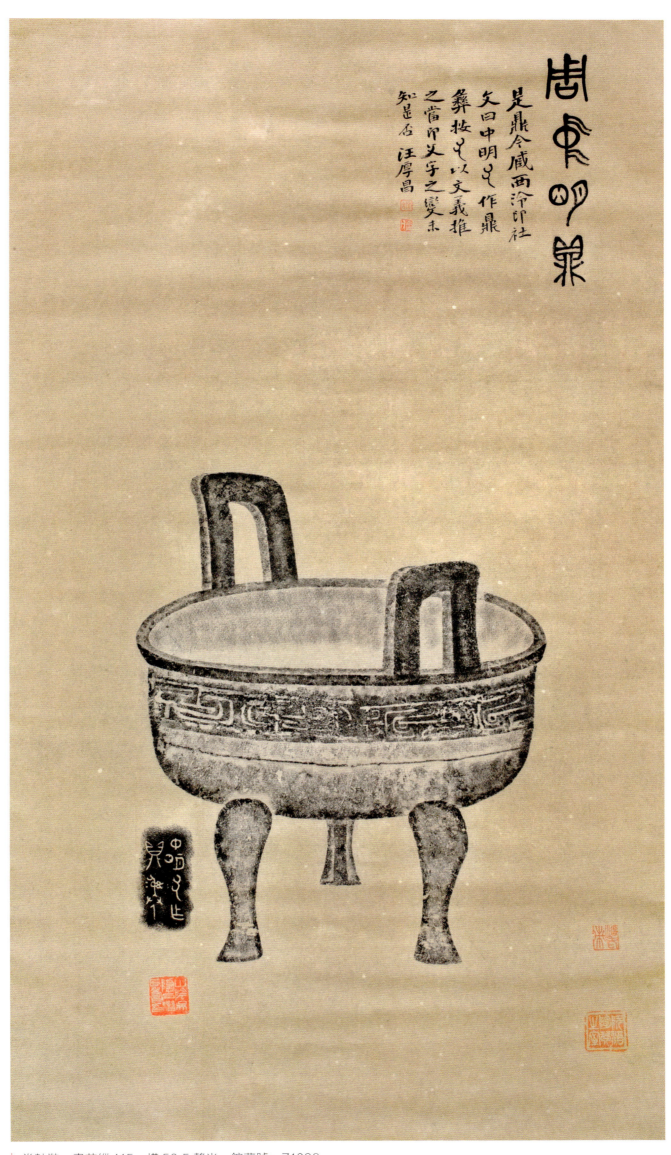

周食明鼎

卷軸裝　畫芯縱 115、橫 50.5 釐米　館藏號：Z1098

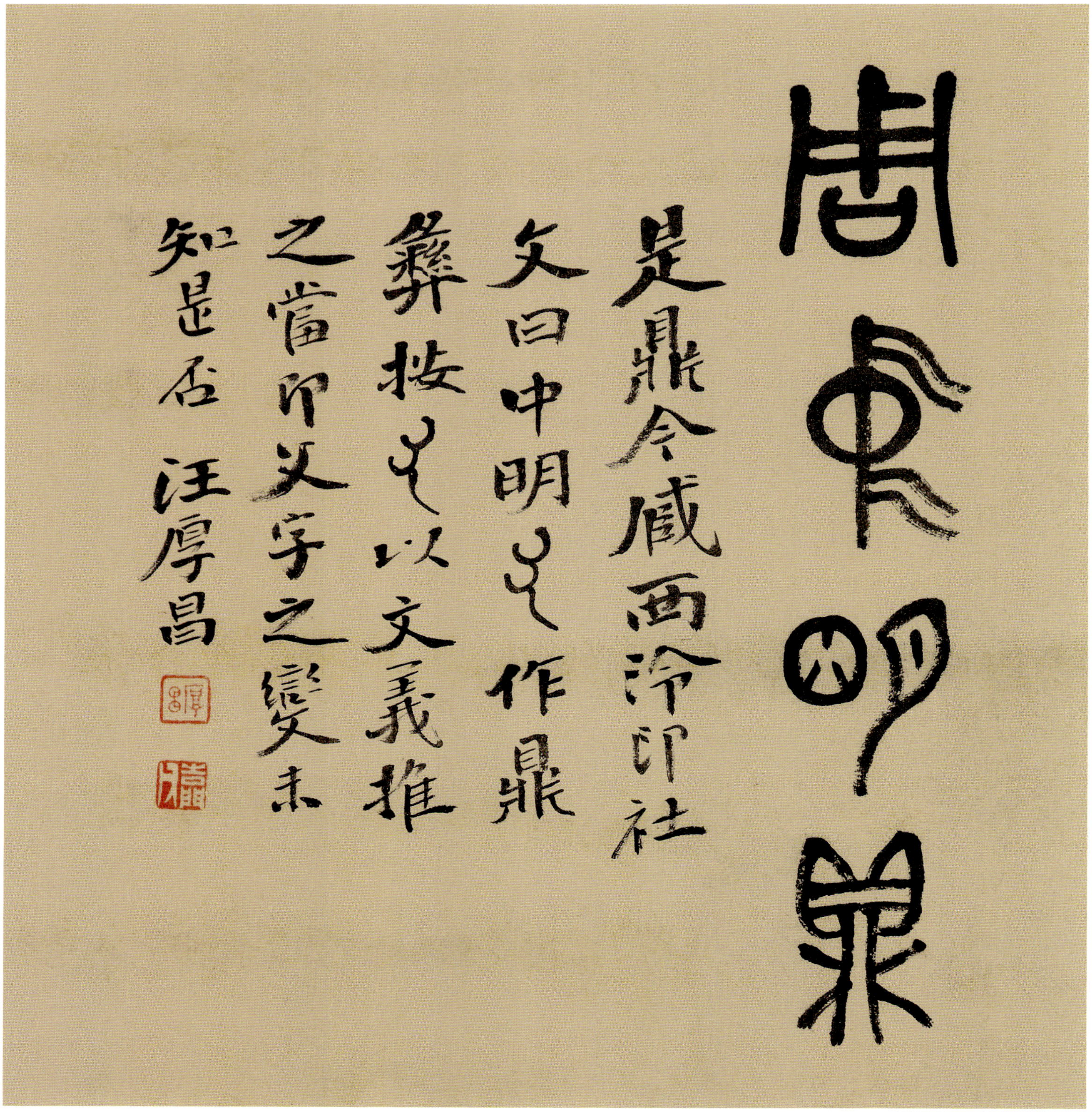

周東明鼎

是鼎今藏西泠印社
矢曰中明之作鼎
彝按之以文義推
之當即文字之變未
知是否　汪厚昌

天黽鼎

商代晚期器，窄口沿，雙立耳，三柱足，腹部飾有雲雷紋襯底的卷角獸面紋。張廷濟、張慶榮（張廷濟之子）遞藏。

內壁鑄銘文 7 字，其文曰：

天黽作婦姑寶彝。

見載於《商周青銅器銘文暨圖像集成》第 3 冊，編號：01691。僅存銘文拓片，未見鼎圖。

張慶榮拓本

此爲張慶榮（稚春）拓本，王祖錫（惕安）、秦文錦（絧孫）遞藏本。有民國五年（1916）趙時棡題記，鈐有"張慶榮印""惕安心賞""趙叔孺"印章。

張慶榮（1806—1854），號稚春，別署勿樂居士。浙江嘉興新篁人。道光丙午（1846）解元。張廷濟次子，亦喜嗜古，著有《稻香樓詩稿》《小解元詩稿》。

趙時棡題端：

周婦姑鼎，絧孫鑒家藏拓。丙辰（1916）

正月叔孺題。

趙時棡（1874—1945），字叔孺，號紉萇，後以字行。浙江鄞縣人，寄居上海。家中藏有東漢延熹、蜀漢景耀二個弩機，故顏所居曰"二弩精舍"。擅書畫，篆刻追慕秦漢，自成一家。著《二弩精舍文存》《漢印分韻補》《古印文字韻林》等。

與 Z2382《者飼爵》同屬一套。

周歸姑鼎

綱孫鑒家藏拓
丙辰正月林熊題

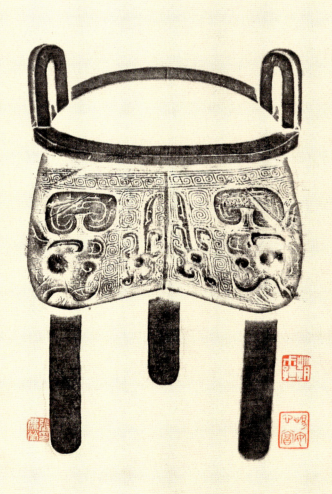

卷軸裝　畫芯縱 68、橫 33 釐米　館藏号：Z2383

坒鼎

坒鼎，民國間陝西出土。四柱足方鼎，雙立耳，口沿下飾夔紋，鼎腹飾獸面紋。曾歸張增熙（槎客）收藏。

内壁鑄銘文"小臣坒作父乙彝"七字，鼎腹底部另鑄"亞𦎍"字。

《商周青銅器銘文暨圖像集成》《殷周金文集成》未見收録。

褚德彝跋本

此爲張增熙（查客）藏本，留有民國壬戌（1922）年，吳昌碩題端及褚德彝題記。鈐有"餘杭褚德彝、吳興張增熙、安吉吳昌碩同時審定印"印章。

張增熙（1875—1922），字弁群，號槎客、查客。浙江南潯人。爲富紳"四象"之一張頌賢之孫，張寶善之子，張靜江長兄。好金石書畫，精究鑒別。

吳昌碩題端：

> 𦎍鼎。查客屬題耑，幸指教。壬戌夏仲，吳昌碩年七十九。

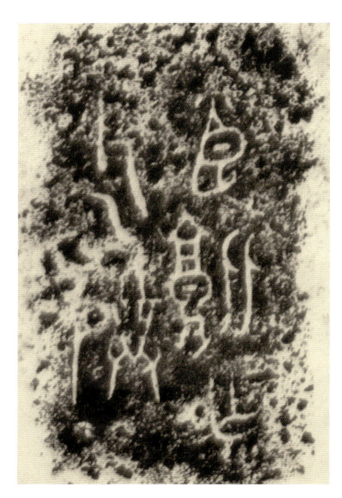

褚德彝題記：

> 是鼎近出秦中，故不見諸家著録。文云："小臣𦎍作父乙彝"，吳氏《攗古録》載"王作臣𦎍彝"與此小異。"𦎍"字，徐問渠釋爲"高"，徐籀莊釋爲古"圻"字，吳子苾釋爲"郭"字，似皆未確。余謂"𦎍"從"𠁣"從"比"，當是"坒"之古義。《説文·土部》：坒，地相比也。衛大夫貞子名"坒"。古義從土之字，或多從"𠁣"，如"城"之作"𨜗"，"堵"之作"𨹔"，"垣"之作"𨻼"，俱見《説文》，故"𦎍"字亦可從"土"作"坒"，古代小國地方百里部落犬牙相錯，往往以城郭爲界，"坒"字訓爲地相比，亦有以城郭爲界之義，故最古之字，正應作"𦎍"耳。"小臣"二字合文，猶《石鼓》之"鯊"即"小魚"也。
>
> 槎客先生得此鼎，以拓本見示，爲釋其字誼就正，即祈匡謬。壬戌四月褚德彝記。

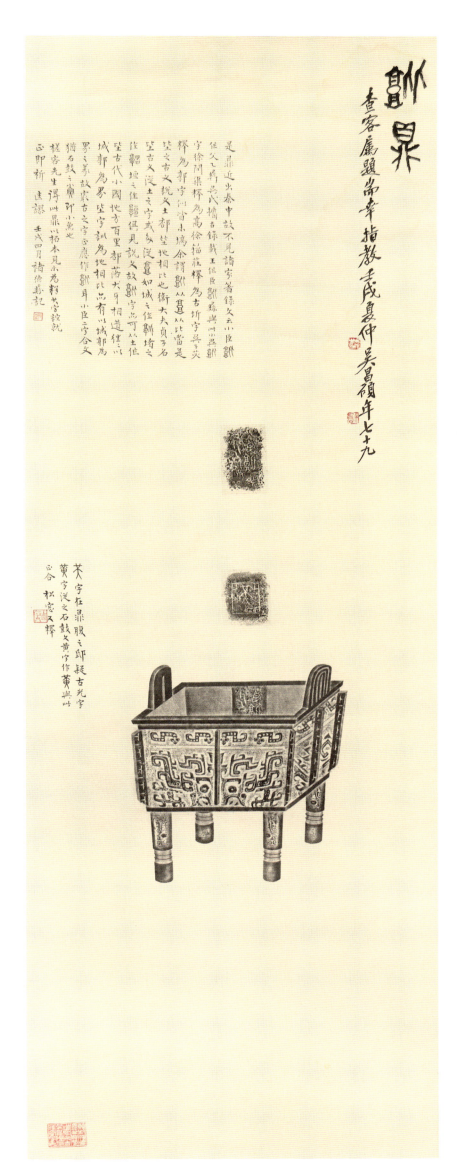

卷軸裝　畫芯縱 135.5 釐米、橫 47 釐米　館藏號：Z1200

褚德彝補題：
　　"茭"字在鼎腹之邸，疑古"光"字，"黄"字從之，《石鼓文》"黄"字作"黈"，與此正合。松窗又釋。
　　褚德彝(1871－1942)，原名德儀，字守隅，號禮堂、里堂、漢威、籀遺、鄗堂、松窗、舟枕山人、松窗逸人。浙江余杭人。碑帖鑒藏家，精於金石考證之學，著有《金石學續補》《六朝石例》《竹人續録》《竹尊宧竹刻脞語》《松窗遺印》等。

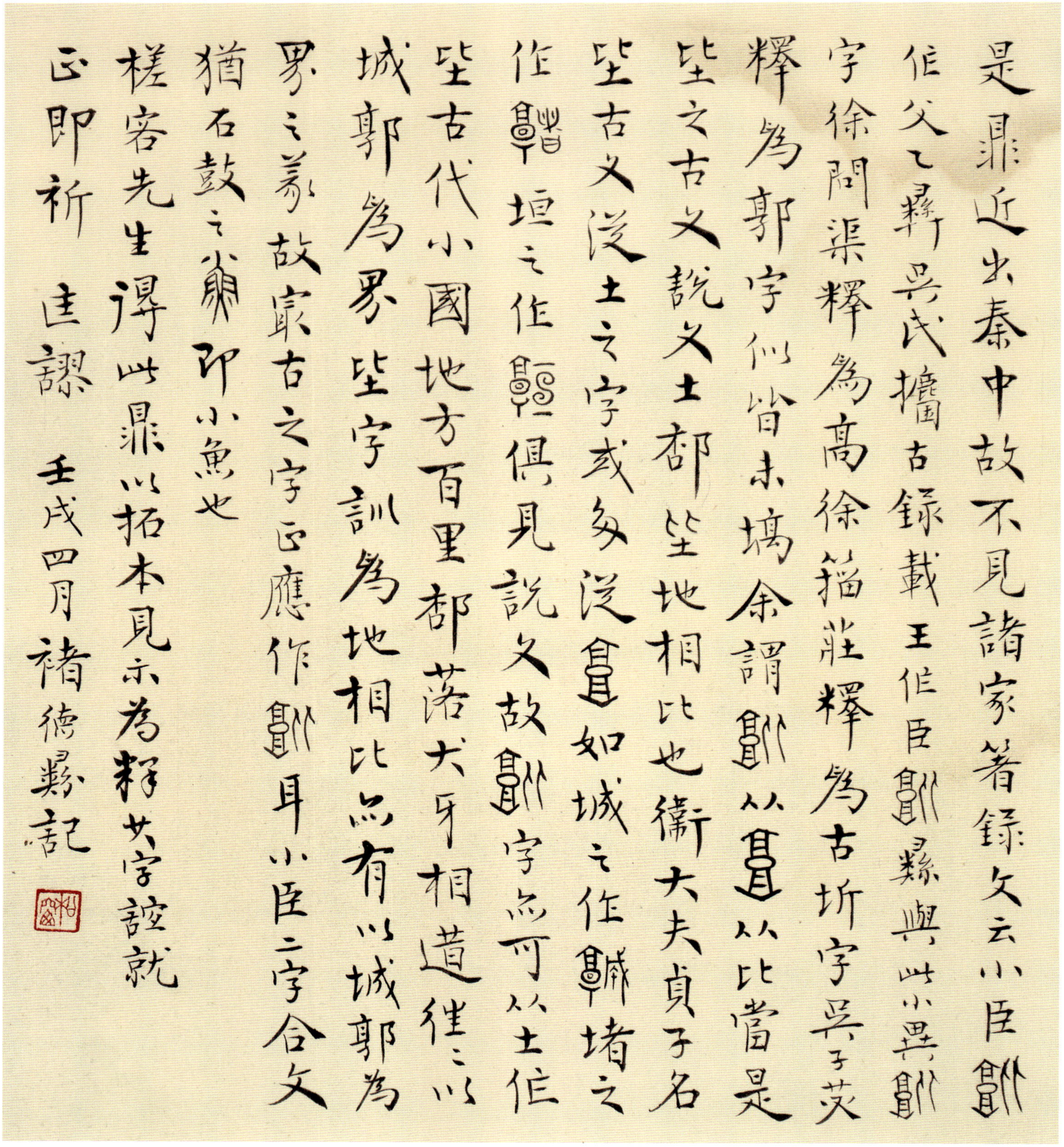

是鼎近出秦中故不見諸家著録文云小臣𤔲

作父乙彝吳氏攗古録載王作臣𤔲彝與此𤔲異

字徐同渠釋為高徐籀莊釋為古折字吳子苾

釋為郭字似皆未塙余謂𤔲从𦣞从此當是

坒之古文說文土部坒地相比也儁大夫貞子名

坒古文淺土之字或多淺𦣞如城之作䵎埠之

作䵎垣之作䵎倶見說文故𦣞字点可从土作

坒古代小國地方百里都落犬牙相邁徔以

城郭為界坒字訓為地相比点有以城郭為

界之義故裏古之字正應作䵎耳小臣二字合文

猶石鼓之𩰩即小魚也

樣客先生得此鼎以拓本見示為籽茭字諮就

正即祈連類　壬戌四月褚德彝記

茨字在鼎腹之邸疑古光字
黃字淺之石鼓文黃字作黃與此
正合 松窗又釋

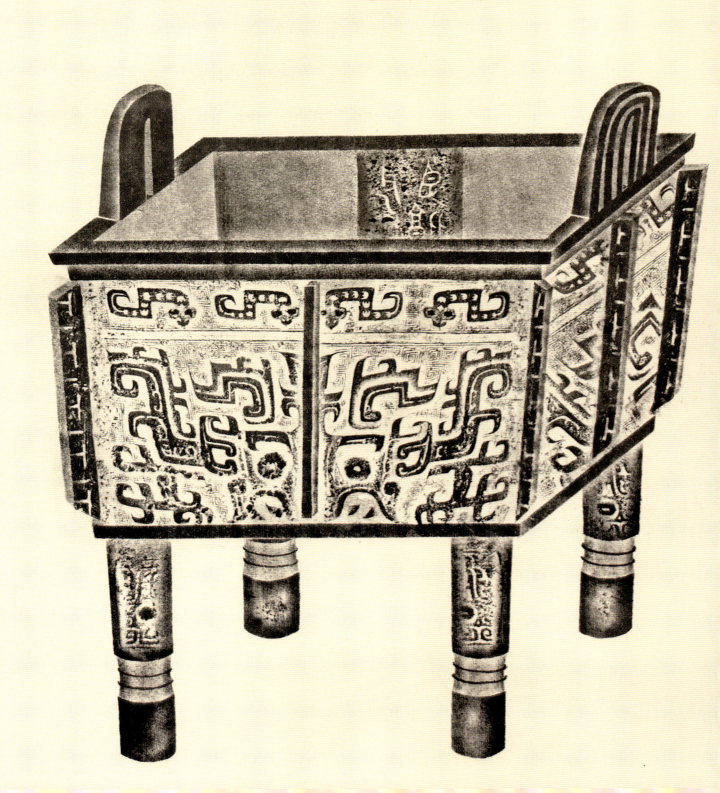

叔姬鼎

叔姬鼎，西周晚期器，器呈半球體，平沿方唇，口沿上有一對立耳，斂腹圜底，三蹄足。口下飾有獸目交連紋。原藏費念慈處，現藏上海博物館。

內壁鑄銘文9字，其文曰：

> 叔姬作陽伯旅鼎永用。

見載於《商周青銅器銘文暨圖像集成》第4冊，編號：01878，僅見銘文拓片，未見鼎圖。

費念慈藏本

此爲費念慈藏本，全形拓工精湛，銘文拓片鈐有"西蠡所藏"印章。

費念慈（1855—1905），字屺懷，號西蠡，晚號藝風老人。江蘇武進人。光緒十五年（1889）進士，授翰林院編修。清代藏書家，因收藏到宋人左建《江林歸牧圖》，遂將藏書樓名曰"歸牧堂"。精金石目録之學，冠絕一時。著有《歸牧集》《周禮政要》《潘文勒公遺集目》。

與S0263-0268同屬一套，爲《費念慈藏銅器六條屏》（師奎父鼎、師趛鬲、伯闋簋、叔多父簋、師㝨簋）之一。

卷軸裝　畫芯縱 139、橫 67.5 釐米　館藏號：S0263

應公鼎

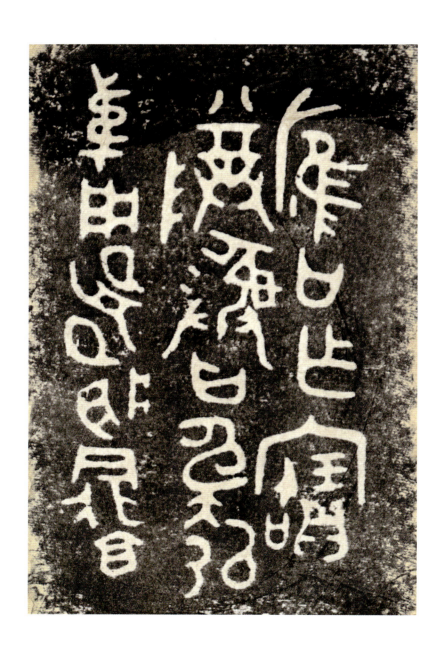

應公鼎，西周早期後段器，鼓腹，三柱足，腹部有三組獸面紋。通高 18.4、直徑 15.1 釐米，重 1.69 千克。原藏長山袁理堂，現藏美國哥倫比亞大學賽克勒博物館。

內壁銘文 16 字，其文曰：

> 應公作寶尊彝，曰：奋以乃弟用凤
> 夕䊪享。

應公鼎或有數件，另見一件爲瞿世英、李蔭軒遞藏，銘文內容與字數相同，唯書法及行款不同，見載於《商周青銅器銘文暨圖像集成》第 4 冊，編號：02071－02072。

應公鼎

孫鼎藏本

此本爲孫鼎藏本，鈐有"孫師匡收藏金石書畫"、"梁鼎山房"。從銘文樣式來看，與長山袁理堂藏器較爲相似，銘文筆畫略有小異，然全形拓之器形圖則全不相類，袁氏藏器腹部有三組獸面紋，此拓之紋飾則在頸部不在腹部。孫師匡藏器或不可靠，亦是難得資料，姑收錄之。

孫鼎（1908—1977），字師匡，齋號梁鼎山房。安徽桐城人。實業家，周叔弢外甥，喜收藏金石與古籍。1960 年，捐獻數十件歷史文物給國家，受到文化部褒獎。

卷軸裝　畫芯縱 109、橫 50 釐米　館藏號：Z2058

伯頵父鼎

伯頵父鼎，西周晚期器，束勁鼓腹三足鼎，口沿上有一對立耳，頸部有竊曲紋，三蹄足有浮雕獸面。通高 10.9 寸、腹深 5.4 寸、口徑 10 寸，重 16 千克。曾經曹秋舫、吳雲、陸心源遞藏，現藏中國國家博物館。

内壁銘文 23 字（其中重文 2 字），其文曰：

伯頵父作朕皇考犀伯、吳姬寶鼎，

其萬年子子孫孫永寶用。

見載於《商周青銅器銘文暨圖像集成》第 4 册，編號 02249。

伯頵父鼎

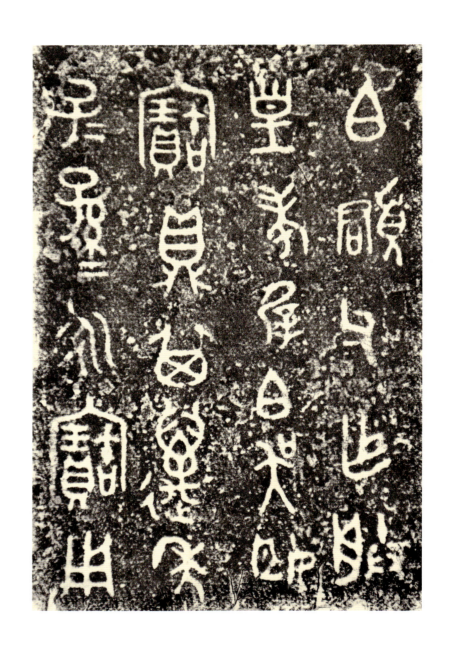

王秀仁拓本

此本爲王秀仁手拓本，鈐有"王秀仁手拓金石文字"。拓工精良，器形圖逼真。雖無名家題跋，因係民國拓工實物資料，故亦收録之。

王秀仁，生卒年不詳，浙江山陰人，是民國時期活躍在上海地區的拓工，善鈐拓印譜和製作鐘鼎彝器全形拓。

卷軸裝　畫芯縱124、橫53.5釐米　館藏號：Z1616

旂鼎

旂鼎，西周早期器，雙立耳，三柱足，下腹外鼓，頸部有弦紋一道，通高 24.5 釐米。曾經多智友慧、李山農、鄒安、羅振玉遞藏，現藏日本奈良國立博物館。

內壁銘文 24 字，其文曰：

　　唯八月初吉，辰在乙卯，公錫旂僕，旂用作文父日乙寶尊彝，冀。

見載於《商周青銅器銘文暨圖像集成》第 4 冊，編號 02258。

鄒安藏本

此爲鄒安藏本，拓工精良。鈐有"適廬所藏""鄒子張"印章。

拓本左側，有民國二年（1913）鄒安題記：

　　多智友慧舊藏，後歸南海李山農宗岱，余得此不及一年，即爲羅叔言參議索讓去，今聞又不在唐風樓矣。癸丑夏五，杭州鄒安補記。

其下又添民國六年（1917）鄒安補記：

據《夢郭草堂吉金圖》此鼎尚在羅參議處，丁巳（1917）又記。

鄒安（1864—1940），字壽祺，一字景叔，號適廬。浙江海寧人，世居杭州。嗜金石，精鑒藏。有《雙玉鈢齋金石圖錄》《周金文存》《古石抱守録》《草隸存》《廣倉磚錄》傳世。

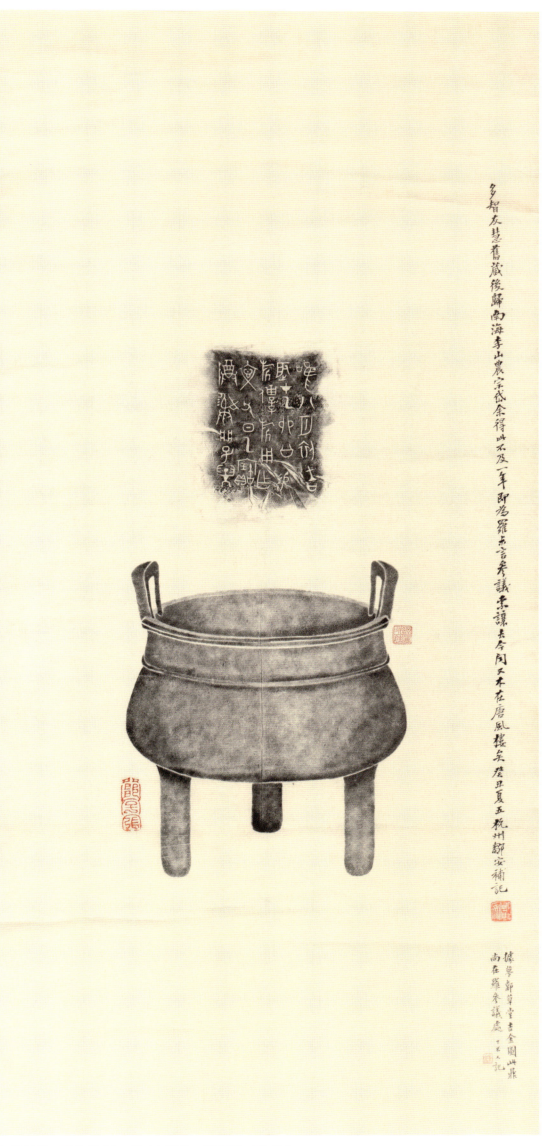

據夢郭草堂吉金圖此鼎
尚在羅參議處 丁巳又記

多智友慧舊藏後歸南海李山農宗氏余得此不及一年即為羅叔言參議索讓去今同天木在唐風樓矣癸丑夏五杭州鄒安補記

據夢郭草堂吉金圖此鼎尚在羅參議處丁巳又記

旅鼎

卷軸裝　畫芯縱 95、橫 44 釐米　館藏號：Z1498

師眉鼎

師眉鼎，舊稱"窵鼎""微子鼎"，西周中期後段器。斂口窄折沿，下腹外傾垂，雙立耳，三柱足，口下飾有三組雲雷紋襯底的分尾長鳥紋。光緒中鳳翔出土，經吳大澂、吳湖帆遞藏，現藏南京博物院。

內壁鑄銘文28字（其中合文1），其文曰：

兄厥師眉，薦王爲周客，錫貝五朋，用爲寶器鼎二，簋二，其用享于厥帝考。

見載於《商周青銅器銘文暨圖像集成》第5冊，編號：02315。

王懿榮跋本

此爲毅臣先生藏本，存王懿榮題跋，全形拓工精湛。
外簽題："博古器文，王懿榮志。"
卷軸右上角，存光緒八年（1882）王懿榮題記：

此文類似摹本，則不及尊器一文矣。吳釋"嫡考""帝考"二誼，尤爲附會，雖好友同志，此則不能從之也。廉生。

按：師眉鼎舊稱"窵鼎"。吳大澂因藏師眉鼎，故名齋號曰"窵齋"，可知此鼎在吳大澂鐘鼎收藏中的地位，然王懿榮此段題跋，卻流露了些許的不屑。

此拓爲王懿榮題跋四條屏之一，另見戕卣存王懿榮題跋：

光緒八年十月，將歸京師，道出長安，晤毅臣先生，出此拓本四幅索題，拉雜書之，留以示同志者，懿榮記。

故知此拓收藏者是毅臣先生，題跋時間光緒八年十月。（與師眉簋、戕尊、戕卣同屬四條屏一套）

王懿榮（1845—1900），字廉生、蓮生、濂生。山東福山人。光緒六年（1880）進士，授翰林編修，三爲國子監祭酒。晚清金石學家，甲骨文發現第一人。富收藏，精鑒別，近代收藏家無以過矣。有《漢石存目》《翠墨園語》《福山金石志殘稿》《王文敏公遺集》傳世。

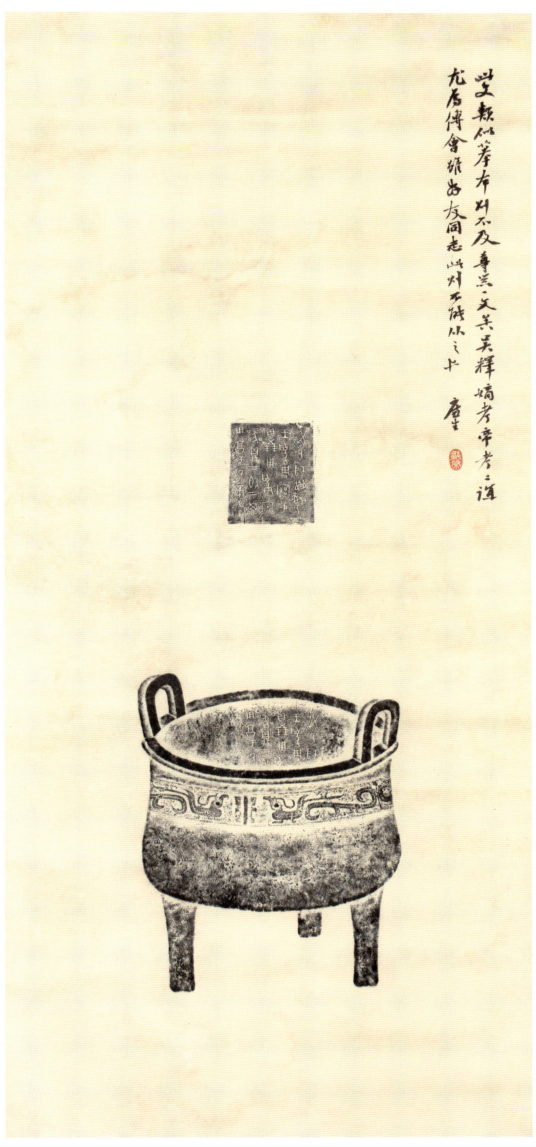

此文頗似篆而似不及尊彝文矣吳釋婿考亭考之謹尤為傅會辨此友同志此州不能從之十　唐生

師眉鼎

卷軸裝　畫芯縱 94、橫 43 釐米　館藏號：Z1175-1177

厚趠鼎

厚趠鼎

厚趠鼎，西周早期器，陳介祺舊藏，後由李蔭軒、邱輝先生捐贈給上海博物館。四足方鼎，體呈長方槽形，四角有扉棱，鼎腹有兩條夔龍組成的獸面紋，柱足有浮雕獸面。通高 21.3、長 17.4、寬 13.3 釐米，重 2.4 千克。

內壁銘文 33 字（其中重文 1 字），其文曰：

> 唯王來格于成周年，厚趠有貺于溓公，趠用作厥文考父辛寶尊齋，其子子孫孫永寶剌。

見載於《商周青銅器銘文暨圖像集成》第 5 冊，編號 02352。

陳介祺藏本

此爲陳介祺藏本，鈐有"簠齋藏三代器""文字之福""簠齋""海濱病史""半生林下田間"五方印章。

陳介祺（1813—1884），字壽卿，號簠齋、海濱病史、齊東陶父，山東濰縣人。清代著名金石家，因藏有三代及秦漢印近萬枚，故名其齋曰"萬印樓"，又因藏有商周古鐘十餘件，又稱"十鐘山房"。著有《簠齋金石文考釋》《簠齋吉金錄》《簠齋藏古目》《簠齋藏鏡》《簠齋藏玉印》《封泥考略》《十鐘山房印舉》等。

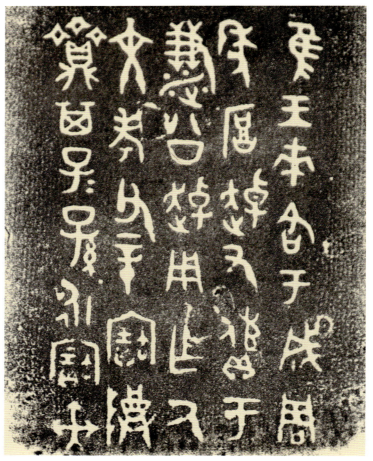

卷軸裝　畫芯縱 105、橫 49 釐米　館藏號：Z1362

亡智鼎

亡智鼎，舊稱"梁十九年鼎"，或稱"梁司寇鼎"，戰國中期魏惠王十九年（前351年）器。器呈扁圓體，三矮蹄足鼎，淺腹圜底，蓋隆起，蓋上有三鳥形鈕，雙附耳向外曲張。通高18.3、口徑17.5釐米，重4.1千克。曾經鄒安、孫鼎遞藏，新中國成立後，孫鼎、景俊士夫婦將其捐贈上海博物館。

銘文在外壁，共36字（其中重文1字），其文曰：

梁十九年亡智求戟害夫庶魔擇吉金，鑄載少半，穆穆魯辟，徂省朔方，信于茲巽，歷年萬盃承。

見載於《商周青銅器銘文暨圖像集成》第5冊，編號02376。

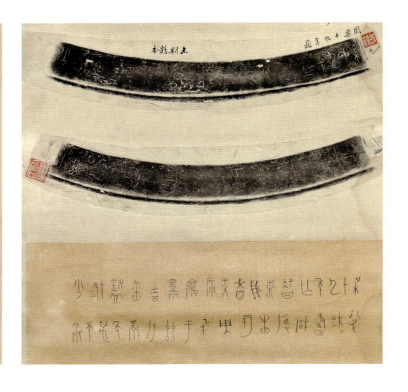

李漢青拓本

此爲鄒安適廬藏器，李漢青手拓本。銘文拓本文字多不可見，爲未剔時初拓本之明證，稍後拓本，銘文字字清晰可辨。

李漢青（1870—1944），名慶霄，字詠霓。浙江山陰縣人。擅繪畫，精摹拓，能篆刻，善鼓琴，曾任上海哈同花園畫師、著名花鳥畫家張大壯的花鳥老師。

卷軸頂部，民國十八年（1929）褚德彝題記：

適廬同年初得是器，文字模糊，後加洗剔，字跡遂漸明顯，乃六國器之最精者，較延煦堂所藏《上官鼎》更可貴矣。此本乃未剔時李漢青所拓者。此次來杭連日與適廬道故談藝，快慰異常，頃以此本見視，因書數語以識古歡。己巳秋九月褚德彝記。

卷軸左側，民國十七年（1928）有鄒安題記：

大梁鼎字如細絲，皆在鼎外，與他周鼎不同，爲漢鼎製所自出，前人有誤認爲漢器者，其實漢無如此篆體也。以余所知如李方赤一司寇鼎筠清館著錄，延煦堂一上官鼎，後歸匋齋

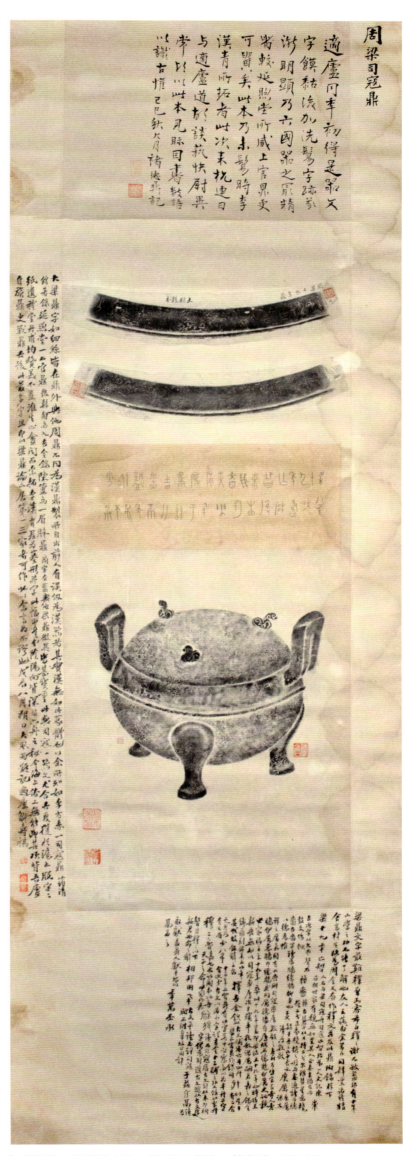

周梁司寇鼎

適廬同年初得是鼎文字�後加洗盪字跡蒨澂明顯乃六國器之最奇者蝌蚪堆垛所咸上官鼎史可覽矣此本乃未剔時李漢青所拓奇逸快爽尤與適廬近於誠荘厾者異常以此本凡騶同書敦語以諗古懂己已秋九月適廬褚德彝記

卷軸裝　畫芯縱103、橫33.5釐米　館藏號：Z1186

亡智鼎

入吉金録，陳簠齋一眉脒鼎，商字在蓋，與
他梁鼎微異，皆甚寶重。此與司寇一器文尤合，
去夏獲於滬上，脫字字紙遺禮堂、丹甫均贊
美不置，淮生心盦聞而索拓，李漢青君爲摹
形并字，此幅即是，分陰陽向背，深得六舟
之秘，今海上俗工無能望其項背。吾廬自《旂
鼎》《史獸鼎》去後，此最多字，且即以梁鼎
論亦居第一，三家者可作必以余言爲不謬也。

戊辰八月朔日大風雨題記適廬鄒壽祺。

卷軸下方，有鄒安過録《王莼甫亡智鼎釋文》并記：

梁鼎文字最難釋，曾函容希白釋之，謝不
敏，蓋非有十年小學之功不能了解也。友人
王莼甫，余昔日同肄業詰經精舍高材生，既
爲《周金文存》作釋文并及此鼎，附録於下。
（釋文茲不贅録）

148

史獸鼎

史獸鼎，西周早期器，三柱足，足上有浮雕獸面，頸部有卷鼻象紋。通高 20.3、口徑 17.5、腹深 11.6 釐米，重 2.185 千克。曾經金蘭坡、鄒安、劉體智遞藏，現藏臺北故宮博物院。

內壁銘文 50 字，其文曰：

　　尹令史獸立功于成周，十又一月癸未，史

鄒安藏本

此為鄒安（景叔）藏本。民國八年（1919）夏，鄒安購得史獸鼎，旋即拓本，延請羅振玉、王國維題記，此即當時鄒氏之初拓本也。

卷軸右上方，有羅振玉題端：

　　史獸鼎。景叔先生所藏吉金第一。雪翁羅
振玉題。

羅振玉（1866—1940），字式如、叔蘊、叔言，號雪堂、松翁、貞松老人、仇亭老民。浙江省上虞人。精通金石學、文字學、敦煌學、考古學，有《雪堂所藏金石文字》、《雪堂所藏金石文字簿錄》《雪堂金石文字跋尾》《雪堂所藏古器物圖說》《再續寰宇訪碑錄》《海外貞珉錄》《昭陵碑錄》《墓誌徵存目錄》《西陲石刻後錄》《鳴沙石室秘錄》《敦煌石室遺書》《流沙墜簡》等傳世。

銘文拓本之上方及左側，有王國維釋文并題記：

　　此器"獸"字，從"又"，從古文"爵"，與篆文"爵"字略同，余謂此"勞"字也。《單伯鍾》《毛公鼎》皆云"勞勤大命"，"勞"字皆作"賌"，《录伯敦蓋》云"有勞于周邦"，"勞"字作"賌"，皆象兩手奉爵形，此作"獸"，從"又"持爵，蓋古者人臣有功則奉爵以勞之，或從兩手，或從一手，其義一也。《魯侯角》"爵"字作"賌"，小篆以古"勞"字為"爵"字，似反失之。至此器"賌"字則上半正象"爵"

獸獻功于尹，咸獻功，尹賞史獸勞，錫豕鼎一、爵一，對揚皇尹丕顯休，用作父庚永寶尊彝。

見載於《商周青銅器銘文暨圖像集成》第 5 冊，編號 02423。

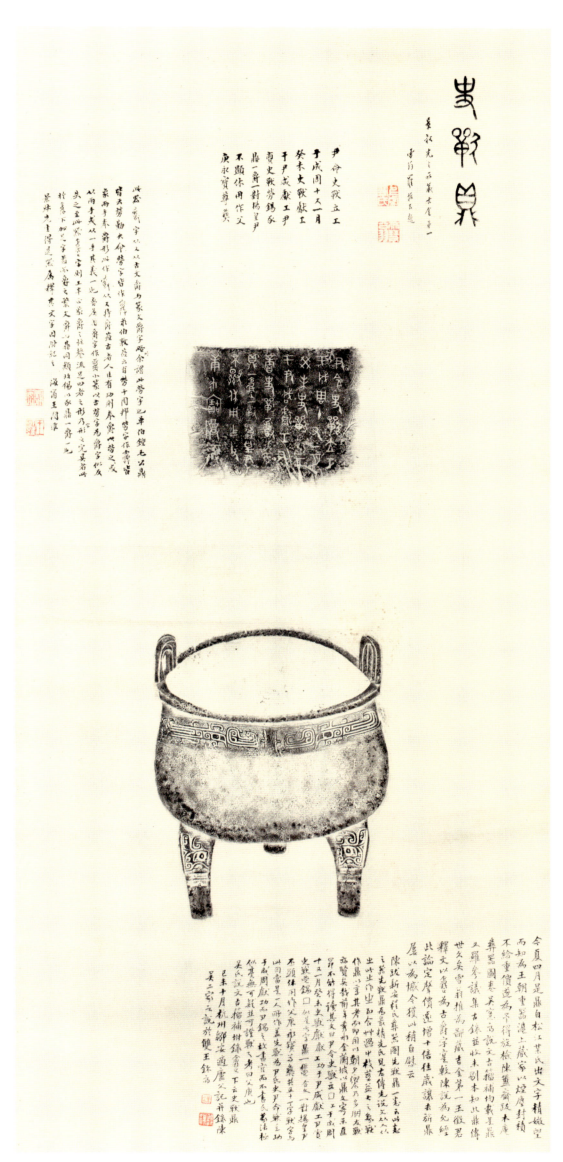

史獸鼎

卷軸裝　畫芯縱 95、橫 44 釐米　館藏號：Z1498

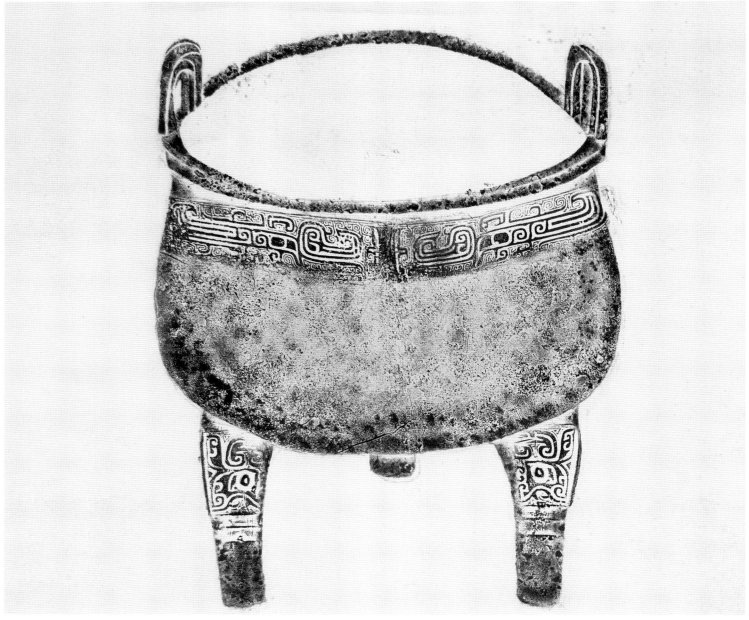

之柱鋬流足回者之形，乃字形之完具者。此
於"鬲"下加"足"字，蓋亦"爵"之繁文，"爵"
與"鼎"同類，故錫以彖鼎一、爵一也。
　景叔先生得是器屬釋其文字，因附記之。
海寧王國維。
王國維（1877—1927），字伯隅、靜安，號觀堂、
永觀。浙江海寧人。王國維被譽爲"中國近三百年來
學術的結束人，最近八十年來學術的開創者"，與郭
沫若（鼎堂）、董作賓（彥堂）、羅振玉（雪堂）合
稱"甲骨四堂"。有《觀堂古金文考釋》《三代秦漢
金文著錄表》《國朝金文著錄表》《宋代金文著錄表》
《古禮器略說》《觀堂集林》《人間詞話》《靜庵文集》
《靜庵詩稿》傳世。

拓本下方，有民國八年（1919）十月鄒安題記：
　今夏四月，是鼎自松江某氏出，文字精微，
望而知爲王朝重器，滬上藏家以煙塵封積，
不給重價，遂屬予得，旋檢《陳簠齋跋木庵
彝器圖卷》《吳憲齋說文古籀補》均載是鼎，
又羅參議《集古錄》並收未別本，知此鼎傳世
久矣，雪翁推爲鄴藏吉金第一，王徵君釋文以
"鬲"爲古"爵"字，實較陳說爲允，經此論定，
聲價遂增十倍，往歲讓去《旂鼎》屢以爲憾，
今獲此，稍自慰云。（後接陳、吳二家之說，
恕不贅錄。）
　己未十月，杭州鄒安適廬父記並錄陳、吳
二家之說於雙王鉨齋。

剌鼎

剌鼎，西周中期前段器，斂口下腹微鼓，底近平，雙立耳，三柱足，口沿下飾有垂冠回首分尾鳥紋。經姚覲元、方濬益、徐乃昌、容庚遞藏，現藏廣州市博物館。

內壁鑄銘文52字，其文曰：

唯五月，王在殷，辰纓在丁卯，王禘，用牡于太室，禘昭王，剌御，王錫剌貝卅朋，天子萬年，剌對揚王休，用作黃公尊鼎彝，其孫孫子子永寶用。

見載於《商周青銅器銘文暨圖像集成》第5冊，編號02428。

剌鼎

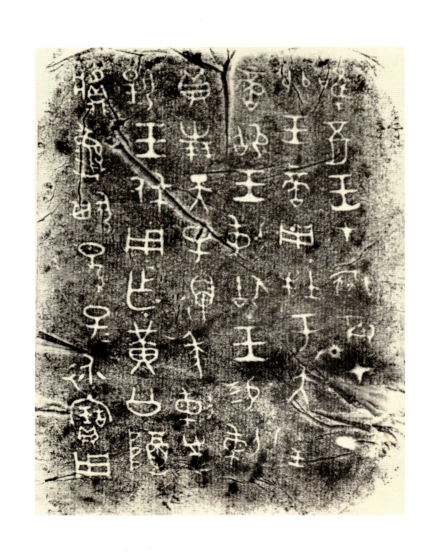

王國維跋本

此爲徐乃昌舊藏，存有民國十一年（1922）王國維題記四則。

王國維題跋：

此鼎言"王曺用牡于太室曺卲王"，語不可解，疑"曺"即"禘"之借字。卲王，即"昭王"也。頌鼎，周康昭宮作卲宮。宗周鍾，"昭格"作"卲格"。曺卲王者，猶《春秋》言：吉禘于莊公；《左氏傳》言：禘于僖公耳。壬戌（1922）小除夕，国维。

徐乃昌（1869—1943），字積餘，號隨庵、懋齋、冰絲、隨庵老人。安徽南陵人。光緒十九年(1893)中舉，二十七年任淮安知府，總辦江南高等學堂，督辦三江師範學堂（南京大學前身）。晚年寓居上海，以藏書刻書和收藏青銅甲骨著稱。主編《南陵縣志》《安徽叢書》，輯有《積學齋叢書》《隨盦徐氏叢書》《安徽金石古物存真》《皖詞紀勝》等。

此拓爲《徐乃昌藏器全形拓》四條屏之一，四屏分別是《剌鼎》《飛燕爵》《魚父乙卣》《爲作卣》四器。另，在《王國維年譜》中記有1923年2月，爲南陵徐氏所藏古器拓本作跋數則，如《剌鼎跋》《父乙卣跋》等。

此鼎言王齊用牡于太室齊卻王諸不可解疑齊即禘之借字卻王即昭王也頌鼎周康昭宮作卻宮宗周鐘昭格作卻格齊卻王者穆春秋言吉禘于莊公左氏傳言禘于僖公耳 壬戌小徐又國維

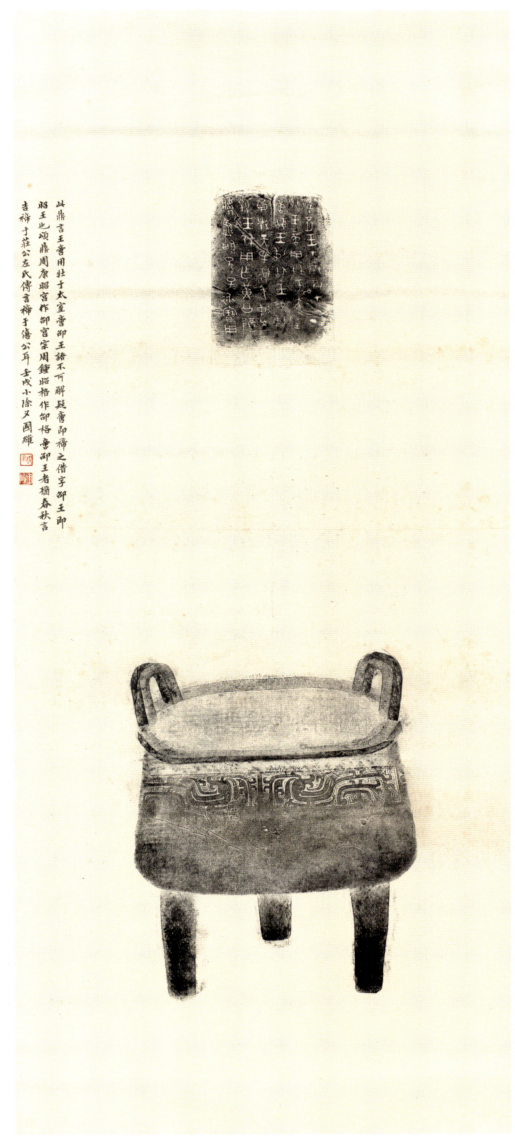

此鼎言王齊用牡于太室齊卻王諸不可解疑齊即禘之借字卻王即昭王也頌鼎周康昭宮作卻宮宗周鐘昭格作卻格齊卻王者穆春秋言吉禘于莊公左氏傳言禘于僖公耳 壬戌小徐又國維

卷軸裝　畫芯縱 92、橫 33 釐米　館藏號：Z1068-1071

史頌鼎

史頌鼎，西周晚期器，鼎口微斂，下腹外鼓，方唇寬沿，立耳蹄足。頸部飾有竊曲紋，以六組扉棱間隔，腹部飾有環帶紋，足部飾有浮雕獸面。經程洪溥、潘祖蔭遞藏，現藏上海博物館。

內壁鑄銘文63字（其中重文2，合文1），其文曰：

唯三年五月丁巳，王在宗周，令史頌省蘇

史頌鼎

潤友、里君、百姓、帥堣盩于成周，休有成事，蘇賓璋、馬四匹、吉金、用作䵼彝，頌其萬年無疆，日揚天子命令，子子孫孫永寶用。

見載於《商周青銅器銘文暨圖像集成》第5冊，編號02443。

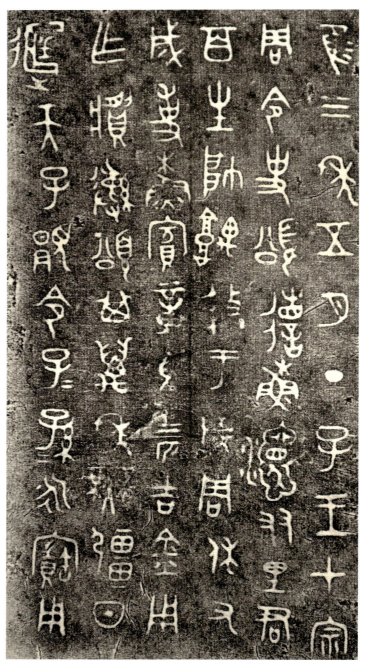

六舟拓本

此爲程洪溥藏本，六舟和尚手拓，鈐有"六舟拓彝器""歙程洪溥家藏金石記"印章。清道光十六年（1836）至道光二十三年（1843）徽州著名收藏家程洪溥（木庵）曾多次相邀六舟前往新安述古堂，傳拓商周青銅彝器千餘件以及宋元明三朝古墨二千多品，六舟和尚自此聲名遠揚。

程洪溥，字麗仲，號木庵，齋名銅鼓齋。安徽新安人。嘉道時期客居浙江，從事鹽業、製墨，家富收藏，收藏青銅彝器不下千種。程氏銅鼓齋與劉喜海嘉蔭簃、吳榮光筠清館、葉志詵平安館並稱乾嘉以來海內金石收藏四大家。

釋六舟（1791—1858），又名達受，字秋楫，號寒泉、萬峰退叟、南屏退叟、滄浪亭灑掃行者、小綠天庵僧等。浙江海昌人。曾主持西湖淨慧寺、蘇州滄浪亭大雲庵。喜詩文書畫，尤精於摹拓碑帖鐘鼎。著有《小綠天庵吟草》《寶素室金石書畫編年錄》等。

卷軸裝　畫芯縱 106、橫 50 釐米　館藏號：Z2212

利鼎

利鼎，西周中期後段器，鼎呈半球體，三蹄足，深腹圜底，口下有兩道弦紋。通高 36 釐米、口徑 37 釐米，重 11.4 千克。經劉鶚、徐乃昌遞藏，現藏首都師範大學歷史博物館。

內壁銘文 70 字，其文曰：

唯王九月丁亥，王格于般宮，邢伯入右利，立中廷，北嚮，王呼作命內史册命利，曰：錫汝赤⊙韍，鑾旂，用事，利拜稽首，對揚天子丕顯皇休，用作朕文考漣伯尊鼎，利其萬年子子孫孫永寶用。

見載於《商周青銅器銘文暨圖像集成》第 5 册，編號 02452。

利鼎

鄭文焯拓本

此為鄭文焯拓本，全形拓工精良，鈐有"小坡手拓""三復樓寓公""爾臻"印章。

鄭文焯（1856—1918），字俊臣，號小坡、叔問、大鶴、鶴道人，別署冷紅詞客、石芝崦主。山東高密人，旅居蘇州。工詩詞，通音律，能書畫，懂醫道，擅金石，尤以詩詞著稱於世，與樊增祥、朱祖謀、況周頤合稱清季"四大詞宗"。著有《樵風樂府》《大鶴山房全集》《古玉圖考補正》《瘦碧庵叢載》《瘦碧詞》《冷紅詞》《醫故》等。

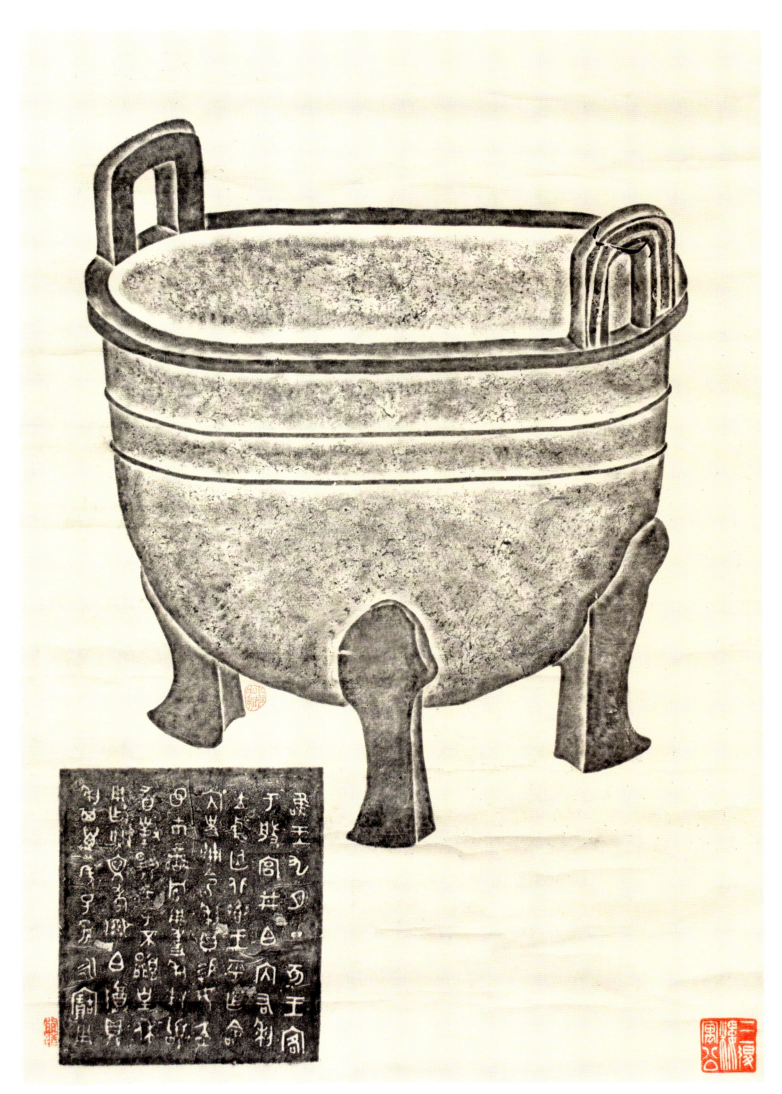

卷軸裝　畫芯纵 64、橫 43.5 釐米　館藏號：Z1105

小克鼎

小克鼎

未剔初拓本

此爲吳大澂藏器拓本，全形拓本出自原器，拓法原始高古，銘文拓本爲"未剔本"，爲銅鏽所掩，一半以上文字未剔出，極爲難得。鼎腹下鈐有一枚拓工印章，可惜印泥太重，文字難辨，隱約可見"慎觀所搨"四字。

小克鼎，西周晚期器，清光緒十五年（1889）陝西扶風縣法門寺任家村西周銅器窖藏出土大克鼎一件，小克鼎七件，克編鐘六件。

小克鼎內壁鑄銘文72字，其文曰：

唯王廿又三年九月，王在宗周，王命膳夫克捨命于成周，適正八師之年，克作朕皇祖釐季寶宗彝。克其日用羹，朕辟魯休，用匃康劢、純佑、眉壽、永命、靈終。萬年無疆，克其子子孫孫永寶用。

小克鼎七器：

1. 吳大澂藏器，現藏上海博物館。高56.5釐米，口徑49釐米。

2. 潘祖蔭、端方遞藏器，現藏日本京都黑川古文化研究所。高45.7釐米，口徑41.5釐米。

3. 潘祖蔭、端方、馮公度遞藏器，現藏北京故宮博物院。高35.4釐米，口徑33.3釐米。

4. 端方藏器，日本京都藤井有鄰館藏器。高35.2釐米，口徑33.1釐米。

5. 丁麟年藏器，現藏天津博物館。高35.1釐米，口徑32.8釐米。

6. 端方藏器，現藏日本東京書道博物館。高29.5釐米，口徑29釐米。

7. 端方藏器，現藏南京大學考古與藝術博物館。高28.5釐米，口徑29釐米。

見載於《商周青銅器銘文暨圖像集成》第5冊，編號02454－02460。

卷軸裝　畫心縱 130、橫 61 釐米　館藏號：Z2128

閈碩鼎

閈碩鼎，西周晚期器，鼎呈半球體，三蹄足，窄沿方唇，沿下附雙耳，口下飾有竊曲紋，腹部飾有垂鱗紋。民國甲申（1944）歸孫鼎梁鼎山房收藏。

內壁鑄銘文85字，其文曰：

> 隹王廿又四年八月辛酉，王在宗周。王命閈碩司旂井。王乎師卤錫閈碩玄衣、赤市、攸勒，用事。碩稽首，受命，敢對揚天子不顯休。用乍朕皇考盂鼎。用高孝于皇祖皇考，用匄康龢，永令霝冬，碩其寶壽萬年，子子孫孫永寶用。

見載於《小校經閣金石拓本》。

孫鼎藏本

此拓爲孫鼎得器後初拓本，轉贈永慎先生，有民國三十三年（1944）童大年題端並記。鈐有"孫師匡收藏金石書畫""梁鼎山房""世間有數文字"印章。

童大年題端並記：

> 君高升極鼎足，橅漢曹景完碑爲周閈碩鼎書尚。

永慎先生鑒賞，甲申（1944）秋日，孫師匡得器拓贈屬童大年題記頌之，時年七十二。

童大年（1874—1955），原名暠，字醒盦，又字心安、心盦，號性涵、松君五子、金鼇十二峰松下第五童子。上海崇明人。西泠印社元老，精研六書，尤善篆隸。著有《依古廬篆痕》《童子雕瑑》等。

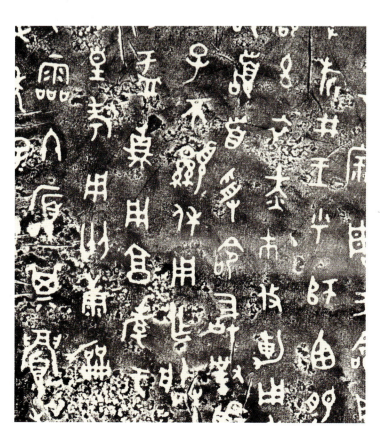

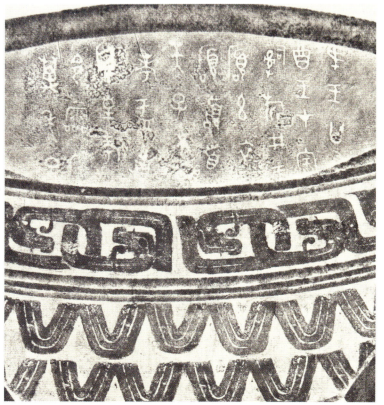

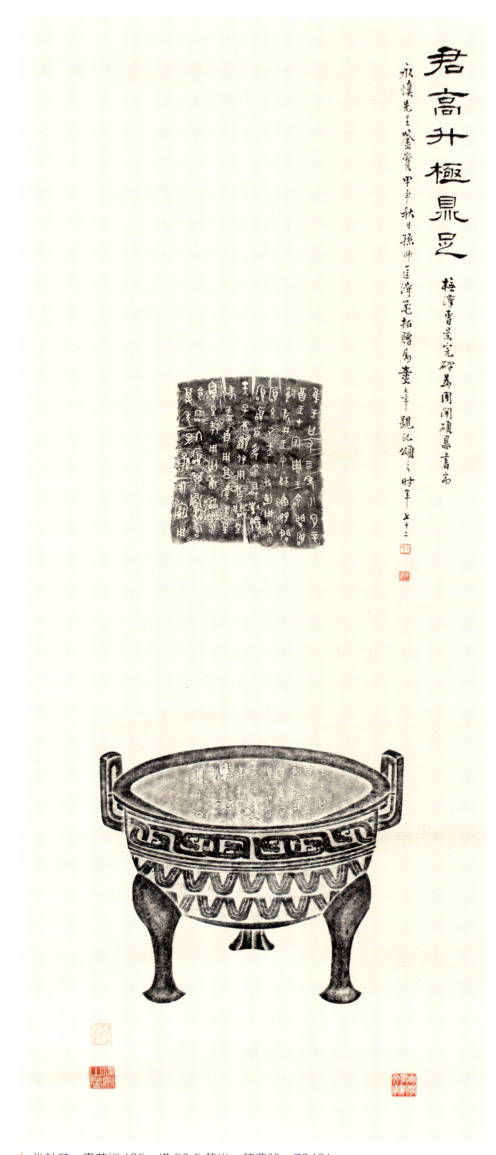

君高升極鼎彝

永禎先生鑒賞　甲辰秋日孫師�24淨筆拓贈屬臺並題記頌之　時年七十二

按澤古齋景完碑為周開頌鼎書器

卷軸裝　畫芯縱 125、橫 50.5 釐米　館藏號：Z2421

鄂侯馭方鼎

鄂侯馭方鼎

鄂侯馭方鼎，舊稱"王南征鼎"，西周晚期器，深腹圜底，雙立耳，頸部有夔龍紋，三立足有浮雕獸面，通高 26 釐米、腹深 13 釐米。經陳介祺、陳大年遞藏，現藏若韻軒。

內壁原有銘文 86 字，惜左上方泐損，現存 79 字（重文 1 字，合文 1 字），其文曰：

王南征，伐角、遹，唯還自征，在坯，鄂

侯馭方納壺于王，乃祼之，馭方侑王，王休偃，乃射，馭方佮王射，馭方休闌，王宴，咸飲，王親錫馭方玉五瑴，馬四匹，矢五束，馭方拜手稽首，敢對揚天子丕顯休賚，用作尊鼎，其萬年子孫永寶用。

見載於《商周青銅器銘文暨圖像集成》第 5 冊，編號 02464。

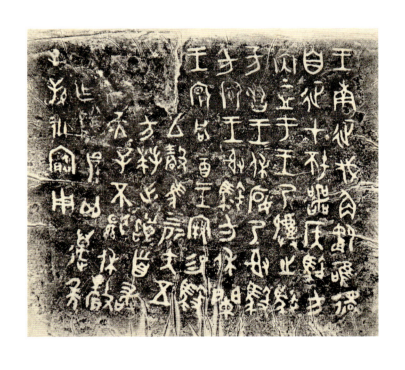

陳介祺藏本

此爲陳介祺拓本，拓工精良，鈐有"簠齋""海濱病史""平生有三代文字之好"印章。

陳介祺（1813—1884），字壽卿，號簠齋、海濱病史、齊東陶父。山東濰縣人。金石大家，著有《簠齋金石文考釋》《簠齋吉金録》《十鐘山房印舉》《簠齋藏金石器拓本》等。

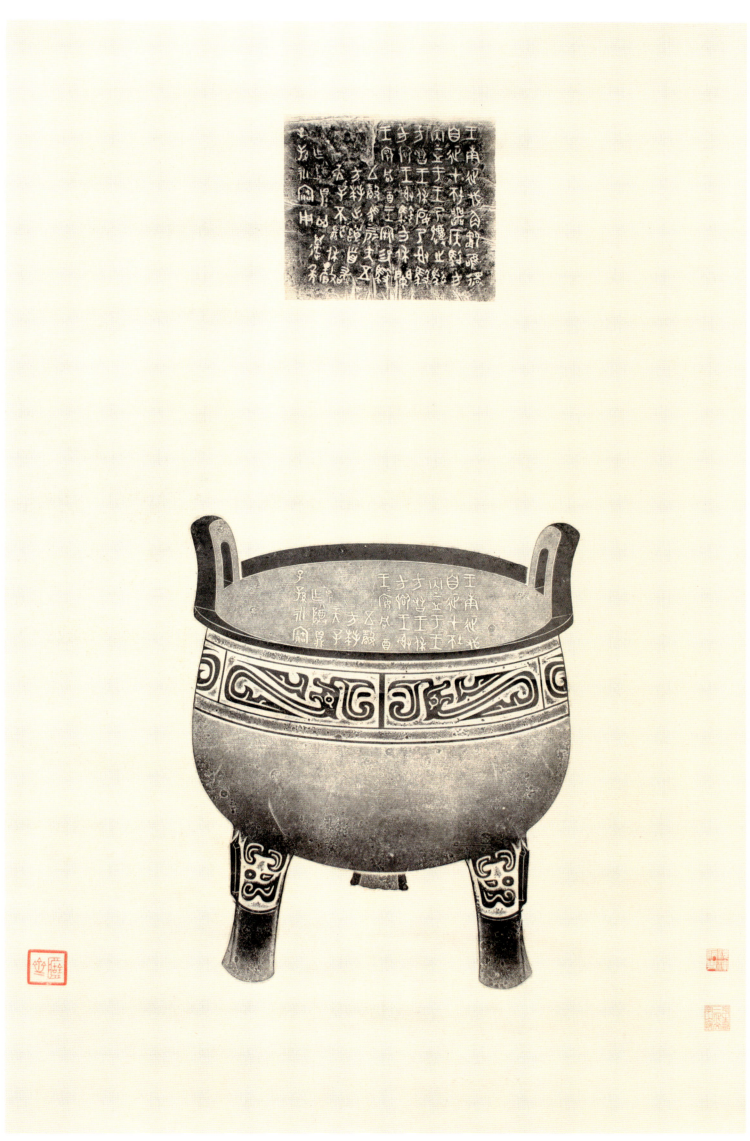

卷軸裝　畫芯縱 138、橫 67 釐米　館藏號：Z2404

師奎父鼎

師奎父鼎

師奎父鼎，西周中期器，斂口窄沿，腹部下垂，底近平，三柱足較矮，雙立耳的上部較寬。口下飾垂冠回首尾下卷作刀形的夔紋一周。此鼎關中出土，經劉喜海、吳大澂、費念慈、徐乃昌等人遞藏，現藏上海博物館。

內壁鑄銘文93字（其中重文1），其文曰：

唯六月既生霸庚寅，王格于太室，司馬邢

伯右師奎父，王呼內史駒冊命師奎父，錫緇韍、冋衡、鼎純、戈琱戚、旂，用司乃父官、友，奎父拜稽首，對揚天子丕丕魯休，用追孝於刺仲，用作尊鼎，用匄眉壽、黃者、吉康，師奎父其萬年，子子孫永寶用。

見載於《商周青銅器銘文暨圖像集成》第5冊，編號：02476。

費念慈藏本

此爲費念慈藏本，銘文拓片上鈐有"西蠡所藏"印章。全形拓工精湛，邊側鈐有"念慈印信""其先季友爲魯大夫有功封費因氏爲姓""天道忌盈人貴知足""歲在游兆霜月之靈得師趛鼎名所居曰趛齋"印章。

費念慈（1855—1905），字屺懷，號西蠡，晚號藝風老人。江蘇武進人。光緒十五年（1889）進士，授翰林院編修。清代藏書家，因收藏到宋人左建《江林歸牧圖》，遂將藏書樓名曰"歸牧堂"。精金石目錄之學，冠絕一時。著有《歸牧集》《周禮政要》《潘文勒公遺集目》。

與S0263-0268同屬一套，爲《費念慈藏銅器六條屏》之一。（本書收錄有師奎父鼎、師趛鬲、伯鬲簋、叔多父簋、師嫠簋）

館藏另一件王同愈（文若）傳拓全形拓本，拓法與此本悉同，有光緒十四年（1888）年吳大澂題眉："師奎父鼎，戊子元旦吳大澂題"。銘文拓片邊側鈐有"吳氏吉金"印章，全形拓邊側鈐有"文若拓贈"，故推知此本當出自王同愈之手。

王同愈（1856—1941），字文若，號勝之，又號栩緣。江蘇元和人。光緒十五年（1889）進士，歷官江西學政、順天鄉試考官、湖北學政。清末民初藏書家、文博鑒賞家。工書擅畫，精工絕俗，著有《說文檢疑》《栩緣隨筆》《栩緣畫集》等。

卷軸裝　畫芯縱 139、橫 67.5 釐米　館藏號：S0268

師望鼎

師望鼎

師望鼎，西周中期鼎，三條獸面足鼎，一對立耳，耳外側有重環紋，口沿下有竊曲紋，腹部有變形鳥紋。通高49、口徑43釐米。相傳爲左宗棠出征新疆時所得，經左宗棠、胡雪岩、沈秉成、徐問蘧、程霖生、陳仁濤遞藏，現藏美國芝加哥博物館。

內鑄銘文94字（其中重文3字），其文曰：

太師小子師望曰：丕顯皇考宄公，穆穆克盟厥心，哲厥德，用辟于先王，得純無愍，望肇帥型皇考，虔夙夜出納王命，不敢不夸不靠，王用弗忘聖人之後，多蔑曆錫休，望敢對揚天子丕顯魯休，用乍朕皇考宄公尊鼎，師望其萬年，子子孫孫永寶用。

《商周青銅器銘文暨圖像集成》第5冊，編號02477。

吳昌碩題端本

此爲沈秉成收藏時期拓本，後歸奚光旭（鄂廬）文彝軒。鈐有"竹溪沈均瑝字笈麗""奚氏金石"印章。

褚德彝外簽：

師望鼎拓本，文彝軒藏，松窗題。

吳昌碩題端：

《師望鼎》爲耦園所藏。"宄"與"軌"同，《師酉敦》《寰盤》作"宄"，與此小異耳。倉碩。

沈秉成（1823—1895），字仲復，自號耦園主人。浙江歸安人。歷任廣西、安徽巡撫、兩江總督等職。收藏金石鼎彝、法書名畫美富一時，著有《蠶桑輯要》《夏小正傳箋》。

沈韻瑝（均瑝），字笈麗，浙江歸安人。清末民初人，生平不詳，疑爲沈秉成之子。

奚光旭（1880—1919），字萼銘、鄂銘，號埜鶴，齋名萼廬、鄂廬、文彝軒、小冬花庵、寶鼎精舍等。江蘇江陰人。清末民國初上海顏料鉅賈，收藏家。

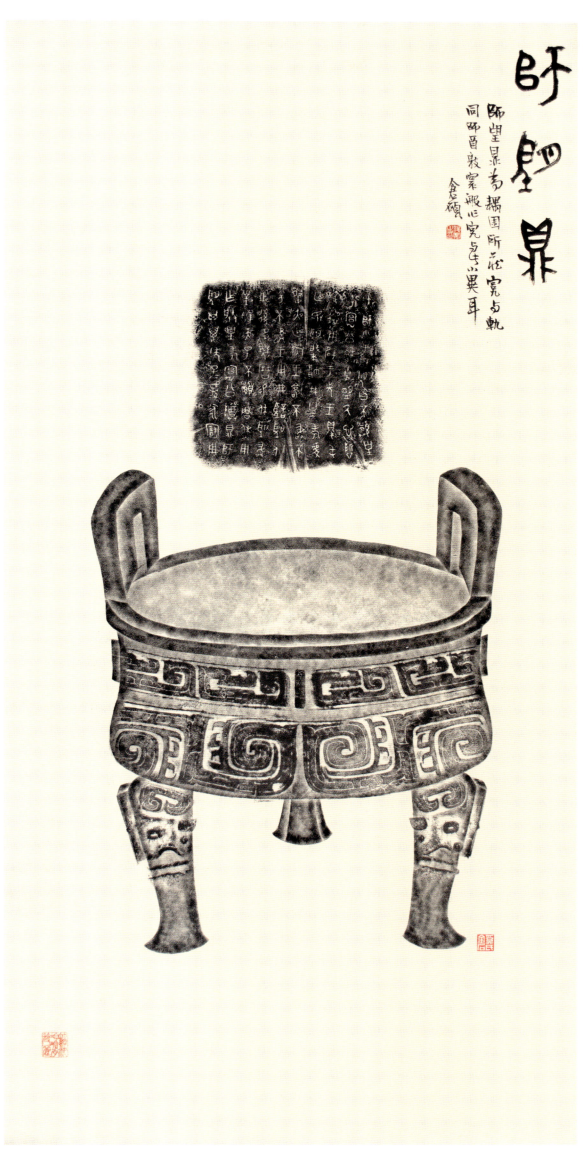

師望鼎

師望鼎為攜國所藏寬方軌
同所昌散寔器惟宽兒小異耳
　　缶碩 [印]

汪厚昌跋本

此爲汪厚昌藏本，全形拓鼎腹內銘文亦爲原鼎拓本，鼎下鈐有"西泠印社拓金石文字"印章。

宣統二年（1910）汪厚昌題記：

是器舊藏歸安沈秉成家，今歸泉唐徐氏，文凡九十二字。"分"即"豢"，許氏説从意也，段氏説从相，聽也。"豢"者聽从口意，"嵩"疑當爲"盡"，上云"出內王命，不敢

不豢不盡也"。"䚖"許氏説責，望也。餘俱見諸家著録。庚戌九月，仁龢汪厚昌僅跋。

汪厚昌（1872—1943），字吉門，號了翁，別署切膚，浙江仁和人。精研古文字學，尤擅篆籀，西泠印社早期社員。有《説文引經匯考》《再續國朝先正事略》《後飛鴻堂印存》《中華民國史料稿》《歷代古印大觀》傳世。

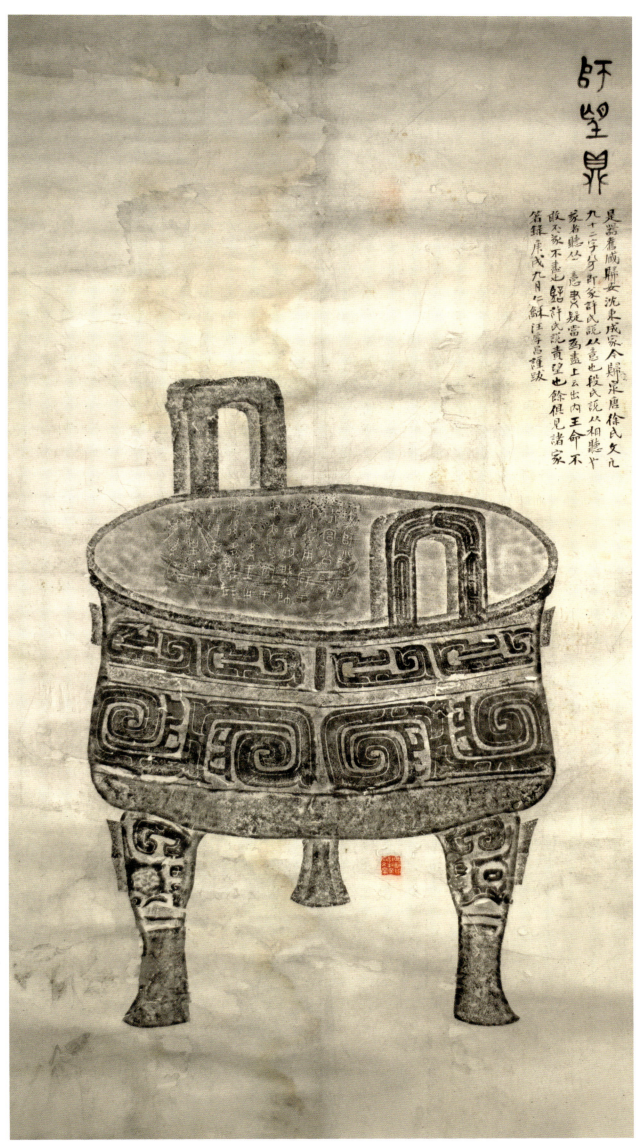

師望鼎

是器舊藏盛歸安沈東成家今歸泉唐徐氏文元
九十二字八分訢家許氏訟從意也段氏說從相聽丫
家者聽丛惠恵又疑當爲盡上云內王命不
敗不家不恵也銘許氏說責望也餘俱見諸家
笛鎮庚戌九月仁龢汪學昌謹跋

卷軸裝　畫芯縱 130、橫 61.5 釐米　館藏號: Z1334

吳廷康跋本

此本爲吳廷康養性軒跋本，銘文爲摹刻本，非拓自原鼎，全形拓亦非出於原器，紋飾差異明顯。

傳世此類吳廷康題記鐘鼎彝器摹刻本較多，題跋粗率，乏善可陳，然此件堪稱吳廷康跋本中之上品，故收録之，聊備一格，以供參考。

吳廷康題端：

姜太公望作皇考究公尊鼎。

吳廷康題記：

殷王受辛十有五祀，西伯得吕尚於渭陽，時尚年八十，與語大説，曰："自吾先君太

公曰'當有聖人適周'，子真是邪？吾太公望子久矣。"故號之曰"太公望"，載與俱歸。兹鼎名曰"太師"，語其官也。望者，語其號也。小子，孤寡不穀侯王自稱之義也。關中鼎産，此鼎銘曰軌公并紀皇考嘉名矣。廷康。

吳廷康（1799—1888），字元生，號康甫，又號贊甫，一作贊府，別號晉齋，晚號茹芝生。安徽桐城人。官浙中數十年，嗜金石，有磚癖，有《慕陶軒古磚録》《桃谿雪》。

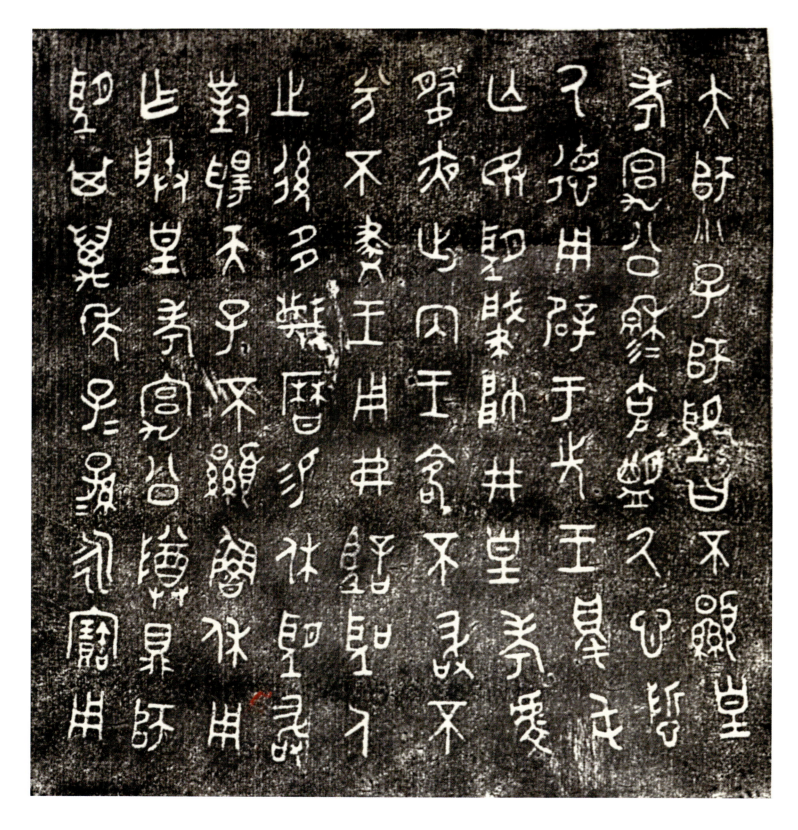

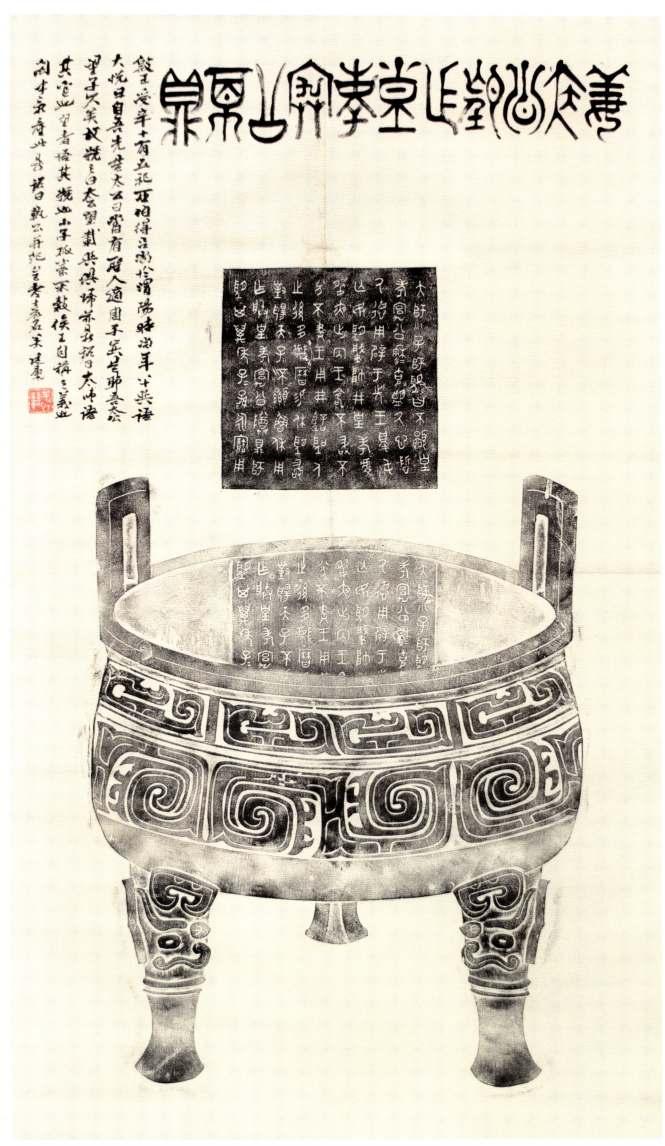

善夫克鼎齊器之冣善者

閡王愛辛十有五祀亞相得正鼎於滴陽時尚羊廿共語
大悅曰自與先壟太公日嘗有冠人適圍禾委豈聊喪太公
望子大美故說二曰大公望戴與供燁蒹貝拓曰太帥谷
其宣此望者繙其概此小字拔薄禾載侯王因諦之義此
剏木六音此年禪冀戢公丕託筆岑嘉孔來埭康

卷軸裝　畫芯縱 110、橫 61 釐米　館藏號：Z2153

焦山無叀鼎

無叀鼎，西周晚期器，三蹄足鼎，雙立耳，窄沿方唇，頸微斂，腹稍鼓，通高 54.2 釐米。內壁銘文 94 字（其中合文 1 字），其銘文曰：

唯九月既望甲戌，王格于周廟，賄于圖室，司徒南仲右無叀入門，立中廷，王呼史翏冊令無叀曰：官司穆王正側虎臣，錫汝玄衣、黹純、戈琱威、厚柲、彤沙、鑾勒、鑾旂，無叀敢對揚天子丕顯魯休，用作尊鼎，用享于朕烈考，用割眉壽萬年，子孫永寶用。

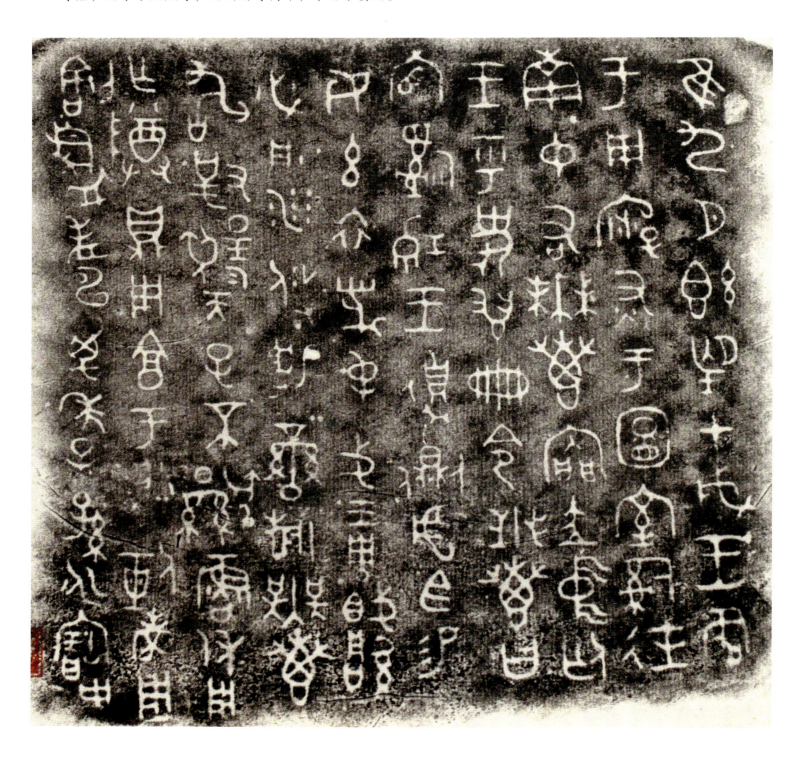

無更鼎不知何時出土，僅知明朝爲潤州魏氏收藏，嚴嵩當國時，百計欲得之，魏氏恐不保，遂送焦山寺，付寺僧永守之，故又名"焦山鼎"。明清兩代無更鼎一直安放於鎮江焦山寺海雲堂，無數金石家前來觀摩與考釋，一時聲名遠播。可惜，民國廿六年（1937）冬，被侵華日軍炮火炸毀。

《商周青銅器銘文暨圖像集成》第五冊，編號02478，所載《無更鼎》現藏鎮江博物館，或爲誤傳。

《無更鼎》銘文拓本，可分原器拓本和摹刻拓本兩種，摹刻本較多，常人不易分辨，其中尤以鈐有"焦山鶴洲手拓"者最具代表性。

另，坊間常見的"金山鼎""焦山鼎"合拓者，所謂"金山鼎"現藏鎮江市博物館，腹內壁銘文12行，共133字，其原名當爲"遂肇諆鼎"，屬於西周早期器，道光末年秦中出土，初出土時銘文僅2行，共計9字，其文

曰："遂肇諆作廟叔寶尊彜"，後人又僞刻填補124字，成133字，僞刻內容雜糅《虢季子白盤》等器物文字。所見"金山鼎""焦山鼎"合拓之焦山鼎之銘文拓片亦皆爲摹刻僞品，並非原器拓本，故此類兩鼎合拓者，視爲美術工藝品，可也，奉爲拓片收藏品，誤也。

鑒定《無更鼎》拓本真僞，關鍵看銘文拓片，其最簡便方法是：三行"南中"之"南"字"丫"部原刻無恙，摹刻"丫"部右上角多出一短橫畫。第五行倒數第三字"側虎臣"之"虎"字，原刻筆畫光潔無損，摹刻中央筆畫有泐損（泐粗）。第六行最末一字"縞必"之"縞"字，右下角隱約有黑圈一塊，摹刻則無。第七行"鑾旂"之"鑾"字下有三四個細小白點，摹刻則無。其次，摹刻本拓片上常有土鏽突起痕跡（銘文下半截多有黑色斑點），原鼎爲傳世器物，早就把玩熟透，光潔無土鏽。

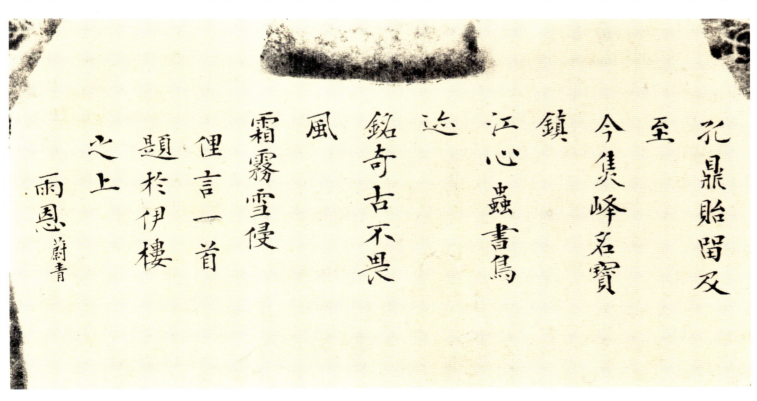

奚光旭藏本

此爲金傳聲、奚蕚銘遞藏本，係咸同年間拓本。銘文拓自原鼎，其全形拓之鼎腹雖略有沁墨，但鼎口下竊曲紋損泐情況與實物照片較爲一致。內有戴雨恩（蔚青）釋文與題詩，鈐有"金傳聲""秀水金蘭坡搜羅金石書畫"印章。另有民國六年（1917）褚德彞題記。

金傳聲（1813—1866），字蘭坡。浙江秀水人。清金石學家，收藏鐘鼎彞器甚夥。

奚光旭（1880—1919），字蕚銘、鄂銘，號埶鶴，齋名蕚廬、文彞軒、小冬花庵、寶鼎精舍等。江蘇江陰人。清末民國初上海顏料巨商，收藏家。

卷軸頂部，有民國六年（1917）褚德彞題記：

> 焦山無專鼎，雖不學者亦知爲真古鼎也，然不能定爲何代鼎，鼎銘之考釋者世亦無微不搜矣。獨於"惟九月既望甲戌"七字，明明有隙可尋而人莫能知之久矣。余謂朱氏椒堂（朱爲弼）雖以爲非周文王即宣王，終莫能定之。甘泉羅氏茗香（羅士琳）久精推步，於此茫茫天算一隙中獨深求之，以四分周術，又證以漢三統術，參核異同進退推勘，得文王自受命元年丙寅，迄九年甲戌，爲九月之十七日，毫無所差，令人拍案稱快。是周無專南仲渺渺隔數千年，而顯然識於我大清道光二十二年間，斯亦奇矣。元於《積古款識》成又三十年，今年八十而忽得之，亦甚幸矣。羅氏或恐不確，著書一篇質之，世之明天算之學者，世間如茗香曾有幾人，吾爲此懼涉

數十年後蝕望參差，欲求如茗香能得幾人哉。《阮太傅序羅氏茗香考周無專南仲鼎銘紀年》。茲獲焦山僧六舟拓本，附錄於左（以上錄文並非褚德彞筆跡，疑爲金傳聲抄錄）。

> 此鼎現在焦山寺中，光緒乙巳（1905）秋，余與陶齋師（端方）游山，至寺中海雲堂同觀，形制古樸，丹翠交錯，洵成周法物也。前人考釋甚多，翁覃溪（翁方綱）又集諸人說爲考一卷，然于辯證篆文，仍多穿鑿。余曾得六舟拓本，上有龔孝棋（龔橙）題字，殊寶愛。此本褚墨古舊，旁有金蘭坡小印，金秀水人，咸同時收藏家也。

> 鄂廬道兄（奚光旭）得此本見示，展閱一過因題數語，以志墨緣。丁巳（1917）年七月十一日。褚德彞記。

前半爲過錄阮元《羅士琳考周無專南仲鼎銘紀年序》，後半談及褚德彞藏有《無專鼎》六舟達受拓本，內有龔自珍之子龔橙題記。今校核《阮太傅序羅氏茗香考周無專南仲鼎銘紀年》原文，"迄九年甲戌"後，脫失"皆不得甲戌既望之九月，獨宣王十六年己丑既望得甲戌"廿三字。

鼎口上方，有雲阿戴雨恩（蔚青）《無專鼎釋文》，茲不贅錄。

鼎腹下方，另有戴雨恩題詩：

> 孔鼎貽留及至今，焦峰名寶鎮江心。
> 蟲書鳥跡銘奇古，不畏風霜霧雪侵。
> 俚言一首題於伊樓之上，雨恩蔚青。

焦山無叀鼎

卷軸裝　畫芯縱 125、橫 48.5 釐米　館藏號：Z1209

陸增祥藏本

此爲陸增祥八瓊室藏本，同治年間拓本。銘文爲原鼎拓本，全形拓本不及"奚光旭藏本"更爲忠實於原器。內有同治十一年（1872）陸增祥題記與銘文釋文。

拓片左上角，有同治壬申（1872）陸增祥題記：

無專鼎在焦山，阮文達定爲周器。跋云："無"當讀爲"鄅"，"燔"字舊釋作"烝"，非"番"，古文作"甹"，此字從"火"，從"甶"，微有闕泐耳。"瑪"是"鴻"之古文，舊釋作"佐"。"攸勒"即《毛詩》"鞗革"字，"必"讀爲"繹"，與鄭康成"圭中必"註相合。"魯休"猶言"嘉休"，舊釋作"敷"。"割"，"匀"之借字，"割"蓋聲相近，故可借作"匀"，舊釋作"周"。祥按："鄅"即今之"許"字，"內門"，"內"古通"入"，故阮氏以"入門"釋之，《史記·周本紀》"魯天子之命"，《魯世家》作"嘉天子命"，故可以"嘉"訓之。"畢"與"必"古通，故可用爲"繹"，"玭"亦作"琿"，是"畢""必"相通之證。金石文字中往往互假也。

壬申九月望陸增祥識。

拓片鼎下，存陸增祥過錄《積古齋釋文》。

陸增祥(1816—1882)，字魁仲，號星農、莘農。江蘇太倉人。道光三十年(1850)狀元。通考據學、古文字學、金石學。著有《八瓊室金石補正》《八瓊室甾磚研錄》《八瓊室文稿》《篆墨集詁》《山左金石目》《八瓊室古磚錄》等。

惟九月旣望甲戌王格于周廟燔于圖室司徒南仲右無專入門立中廷王呼史友冊命無專曰官司瑪王遲側虎方錫女宮衣帶束戈琱戢必彤天攸勒鑾旂無休敢對揚天子丕顯魯休作尊鼎用宮于朕烈考用割眉壽萬秊子孫永寶用

右積古齋釋文

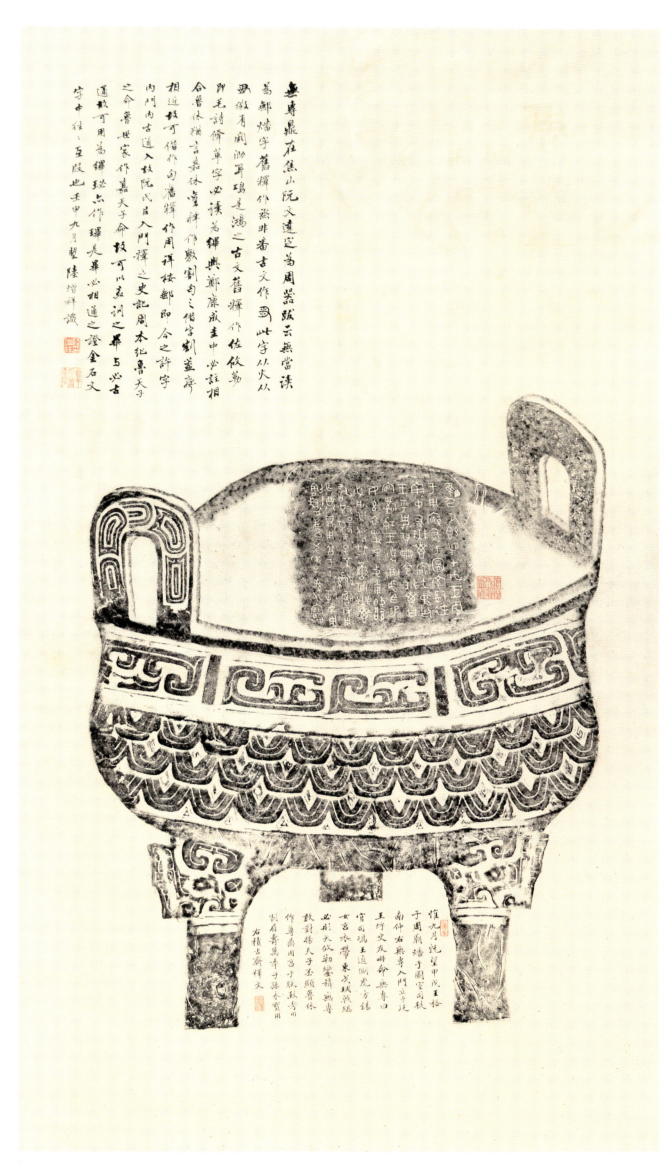

龐芝閣藏本

此拓爲龐澤鑾（芝閣）藏本，光緒拓本，銘文爲原鼎拓本，全形拓本又不及"陸增祥八瓊室藏本"，鼎口下竊曲紋與原器差異較大。有光緒甲辰（1904）張鳴珂題記、民國辛酉（1921）褚德彝題跋，蔣菜外簽："周無專鼎銘拓本，器在丹徒焦山寺。"另有拓本鈐有"鄭齋金石記""均初所得海外金石文字"印章，此二印疑爲後人加蓋。

拓本右側，光緒三十年（1904）張鳴珂（公束）題記：

> 光緒癸巳（1893）秋自京師還，溯大江赴豫章道出京口，游焦山摩挲古鼎，神采黝然。昔顧亭林先生（顧炎武）《金石文字記》引朱竹垞（朱彝尊）之言曰：鼎銘其人莫考。後葉九來（葉奕苞）遇竹垞於王阮亭（王士禎）所謂之曰：銘中有司徒南仲，即其人也，曷云莫考，遂定爲南仲鼎。"無專"二字原釋"世惠"，然以銘詞讀之，"南仲右無專"，當作"無

專"爲是。惟原釋"格"作"如"，"廟"作"丙子"，"燔"作"烝"，"無專"作"世惠"，"入門"作"金"，"朕刺"二字作"烈"，孰是孰非當質諸博雅君子。

芝閣好古多聞，必能審釋異同，以資考證。張鳴珂記。時甲辰（1904）夏六月，年七十有六。

張鳴珂（1829—1908），原名國檢，字公束，號玉珊，晚號寒松老人、窳翁。浙江嘉興人。咸豐辛酉（1861）拔貢，官江西德興知縣、義寧州知州。晚清詞人、藏書家、金石書畫家。著《寒松閣談藝瑣錄》《寒松閣詞》《寒松閣詩》《説文佚字考》《疑年賡錄》《惜道味齋札記》。

拓本左側，民國十年（1921）褚德彝（松窗）題記：

> 葉九來謂：文中有司徒南仲字，遂定爲南仲鼎。不知作鼎者爲無惠，非司徒南仲也。
> 窗齋謂："無"爲"鄦"之古文，即今之"許"姓，"嘗"爲"惠"之正字，最確。當宋後明

180

前，士大夫遇吉金文字非瞠目不識，即任意誤釋，博雅如竹垞猶如此，他無論矣。惟末行"用割戲壽"之"戲"，象龜在皿中形，不知應作何

音？張叔未、徐同柏釋作"簋"，亦覺未安，疑當釋作"龜"，龜壽最長，唐人猶取龜年、龜齡爲名也。辛酉三月松窗。

卷軸裝　畫芯縱123.5、橫67釐米　館藏號：Z2047

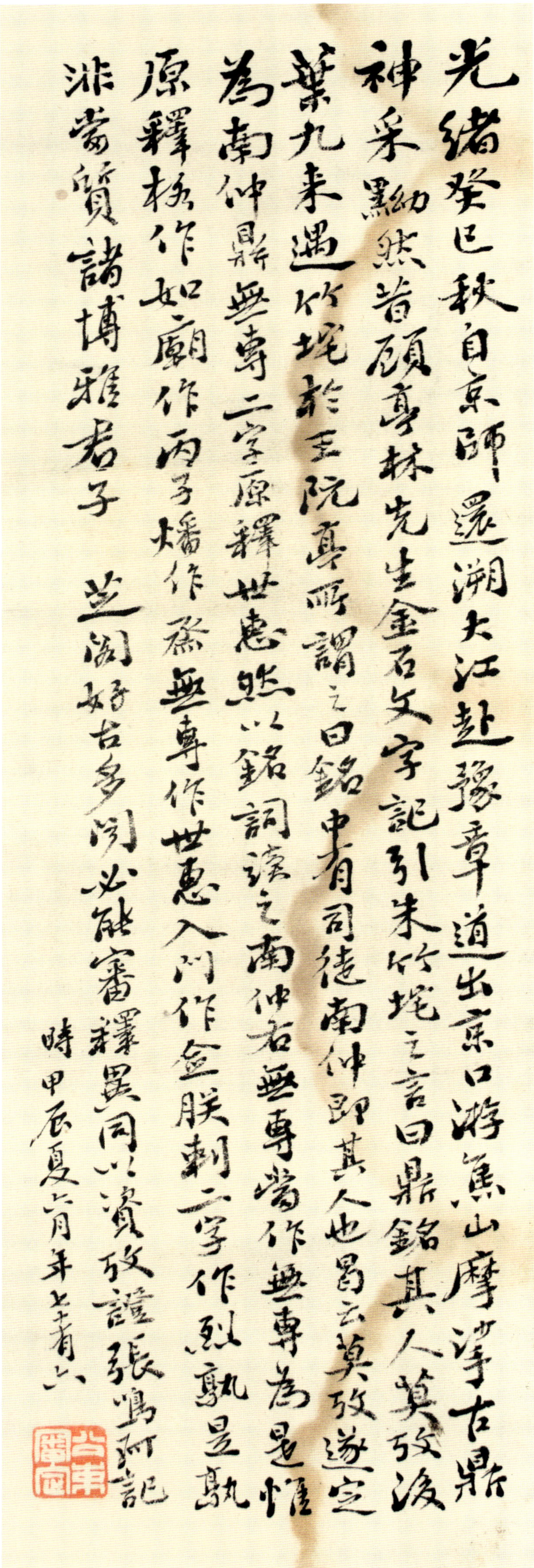

光緒癸巳秋自京師還溯大江赴豫章道出京口游焦山摩挲古鼎

神采黝然首顧尊林先生金石文字記引朱竹垞之言曰鼎銘其人其孜孜

葉九來遇竹垞於玉阮堂而謂之曰銘中有司德南仲即其人也昌云莫敢遂定

為南仲鼎無專二字原釋世惠然以銘詞讀之南仲若無專當作無專為是懼

原釋核作如廟作兩号墦作係無專作世惠入阿作金朕剌二字作剗亂昱亂

非蒙質諸博雅君子

芝淘好古多闇必能審釋異同以資攷證張鳴珂記

時甲辰夏六肖年七十有六

葉九來謂文中有司徒南中字篆定為南中鼎不知作鼎
者為無惠非司徒南中也窻齋謂無為鄰之古文即今
之許姓為惠之匹字寰搗當宋後明肯士大夫遇吉
金文字非瞠目不識即任意謬釋博延如竹垞猶如此
他無論兵惟末行用割𥊗壽之𥊗象龜在皿中形：
不知應作何音張未未徐同柏釋作簋点覺末妥疑當
釋作龜壽寰長唐人猶取龜年龜齡為名也　辛酉三月云因

潘飛聲藏本

此本爲宣統二年（1910）焦山鶴洲拓本，鈐有"焦山鶴洲手拓"印章。初看極爲精彩，全形拓本亦似乎忠實於原鼎，鼎口下竊曲紋損泐情況亦得以再現。然諦視其銘文，實爲摹刻拓本，非原鼎拓本，令人失望。然拓本滿佈名家題跋，又令人驚訝與好奇。

清宣統二年（1910），潘飛聲從焦山購得拓本。内有黃賓虹題端、周慶雲題詩、吳昌碩題記、潘飛聲自題詩和無專鼎釋文。

卷軸頂端，有宣統二年（1910）黃質（賓虹）題端：

周無專鼎。庚戌夏老蘭先生拓之焦山，屬

黃質題于剪淞閣。

黃賓虹（1865—1955），初名懋質，後改名質，字樸存，號賓虹、賓鴻，別署予向、虹叟、黃山山中人。安徽歙縣人。擅畫山水，爲山水畫一代宗師。著有《黃山畫家源流考》《賓虹詩草》《中國畫史大綱》《畫學通論》等。

卷軸左上側，有民國三年（1914）三月潘飛聲題詩：

昔年國學觀石鼓，鷟鳳翔翥周王辭。
松寮雲海閟古鼎，山作鰲背三足支。
腹藏雷回趯趦走，駁犖劌入龍之而。
結體若較岐陽狩，上追軒頡開李斯。
日月鼓鑄丹篆魄，雷雨洗濯蒼薛皮。
惟王誧庸錫册命，珚戰縞韡輝鑾旂。
告勛太廟肅典禮，侍立王右有宰司。
無□對揚謹受册，内門合寫夫何格。
周宣法物蠢天地，匹以珊玉笑韓詩。
禪堂萬木對枯槁，那許收弃嚴分宜。
江濤澎湃欲震撼，午夜或見龍來窺。
狂歌采薇疏小雅，安得南仲平昆夷。

甲寅（1914）三月登焦山觀古鼎賦長句題拓本，萬松山人潘飛聲寫于松寮閣。

題詩之右側，存潘飛聲《無専鼎釋文》，茲不贅録。

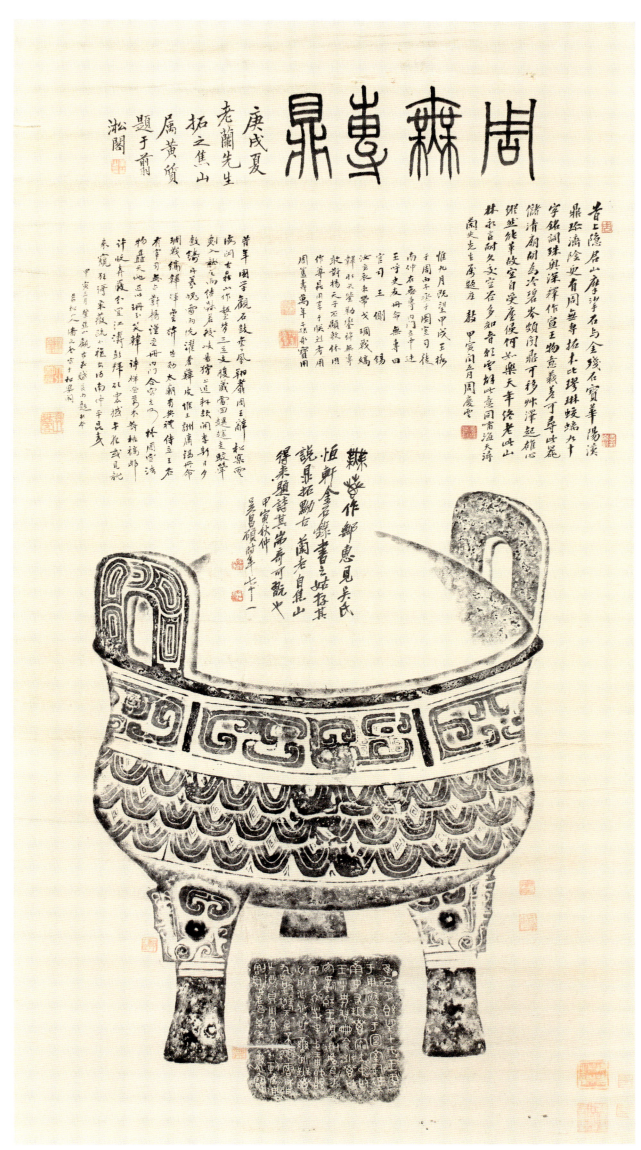

卷軸裝　畫芯縱 132、橫 65 釐米　館藏號：Z1157

潘飛聲（1858—1934），字蘭史，號劍士、心蘭、老蘭、老劍、水晶道士等。祖籍福建省人。善詩詞書畫，與羅癭公、曾剛甫、黃晦聞、黃公度、胡展堂並稱爲"近代嶺南六大家"。著有《說劍堂詩集》《在山泉詩話》《西海紀行卷》《飲瓊漿館詞》《天外歸槎錄》《羅浮紀遊》等。

卷軸右上方，有民國三年（1914）五月周慶雲題詩：

> 昔上隱君山，摩挲石與金。
> 殘石寶華陽，漢鼎珍濟陰。
> 更有周無專，拓本比璆琳。
> 蛟螭九十字，銘詞殊奧深。
> 釋作宣王物，意義差可尋。
> 此器儲清廟，胡爲冷碧岑。
> 顧聞鼎可移，草澤起雄心。
> 縱然能革故，空自受塵侵。
> 何如樂天年，終老此山林。
> 永言耐久交，空谷多知音。
> 朝雲解此意，同嘯海天潯。
> 蘭史先生屬題應教，甲寅五月周慶雲。

周慶雲（1866-1934），字景星，號湘舲，別號夢坡。浙江烏程人。南潯巨富，喜詩文金石書畫，精鑒藏，著有《夢坡詩文》《鹽法通志》《夢坡室獲古叢編》《夢坡室藏硯》《南潯志》《歷代兩浙詞人小傳》《琴書書目》《琴史補》等。

拓本鼎口正上方，存吳昌碩題記：

> 蘁鼄作郵惠，見吳氏《恒軒金石錄》，書之姑存其說，鼎拓勦古，蘭老自焦山得來，題詩其尚，奇可翫也。甲寅秋仲，吳昌碩時年七十一。

潘飛聲、吳昌碩、周慶雲、黃賓虹等人皆爲當時鑒藏家，但願不是被鶴洲拓本打眼，而是出於對潘飛聲人情的考慮，不得不提筆留題。另一方面，可知清末民初時期焦山寺僧對無更鼎的珍護，對原器不輕易椎拓，多以贋鼎供人。

昔年國學觀石鼓 震之鳳 翔蕭 周王辭 松窠雲

海闊吾羌岷山作 整芳 三至 支 腹藏雷四趨 遽走駭華

剑入献之而結珠君後 岐易狩蘭 延軒 歊開李斯日夕

鼓鑄丹篆䆗 雷雨洗濯蒼韓皮惟王 訓庸錫冊命

珊戟繡鞾 輝雲辭 告勅 太廟莿典禮 侍立王右

有寧司無示 對揚 謹受冊内門 合寫之 於周宣法

物直踵天地以 珊玉笑韓詩 禪室萬木奇枯槁邨

許收舞嚴分宜江濤拜 張雲搖 于我 我見訖

来窺狂讶采薇疏 雅家阿南仲平昆矣

甲寅三月登絜一觀古羌賦 長内題 松本

菁松心人庸采本寫于松窠閣

惟九月既望甲戌王拈

于周兩子厥于闐宣司徒

南仲在無專内門立中延

王呼史友冊命無專曰

官司 王側 錫

汝玄衣束帶戈 珊戟繡

韓彤矢鋞勒鑾辭無專

敢對揚天子丕顯敷休用

作尊異用享于朕辺考用

周簋壽萬年 子孫永寶用

鮑逸藏本

　　此本爲鮑逸（問梅）藏本，銘文爲原鼎拓本，拓工精良，字口清晰。鈐有鮑氏"拜蘇室珍藏印"。

　　鮑逸生卒年不詳，字問梅、塗生，號南野老人。浙江錢塘人。好文工書，精文字學，善畫梅，能篆刻。著有《拜蘇室座右銘》《鮑問梅遺著九種》傳世。

　　拓本頂端有署名"阮元"的道光二十三年（1843）題記：

　　　　焦山無專鼎雖不學者亦知爲真古鼎也，然不能定爲何代鼎，鼎銘之考釋者世亦無微不搜矣。獨于"惟九月既望甲戌"七字，明明有隙可尋而人莫能知之久矣。余與朱氏椒堂（朱爲弼）雖以爲非周文王即宣王，終莫能定之。甘泉羅氏茗香（罗士琳）久精推步，于此茫茫天算一隙中獨深求之，以四分周術，

又證以漢三統術，參核異同進退推勘，得文王自受命元年丙寅，迄九年甲戌，皆不得甲戌既望之九月，獨宣王十六年己丑既望得甲戌爲九月之十七日，毫無所差，令人拍案稱快。是周無專鼎南仲渺渺隔數千年，而顯然識者于我大清道光二十二年間，亦甚奇矣。元于《積古款識》成又三十年，今年八十而忽得知之，亦甚幸矣。羅氏或恐不確，著書一篇質之，世之明天算之學者，世間如茗香者曾有幾人，吾爲此懼涉數十年，後蝕望或有參差，欲求如茗香者能得幾人哉。癸卯（1843）正月後三日癸亥阮元謹記，時年政八十。

此篇題記內容爲阮元撰《羅茗香考無專鼎銘紀年序》，尾部鈐有"雲臺""怡志林泉"印章，抄錄序

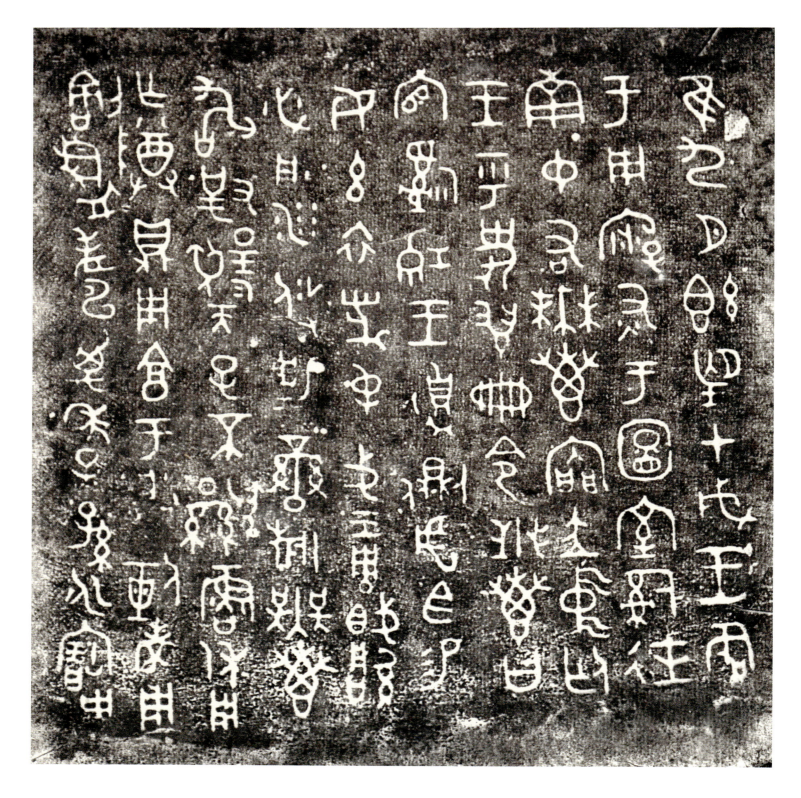

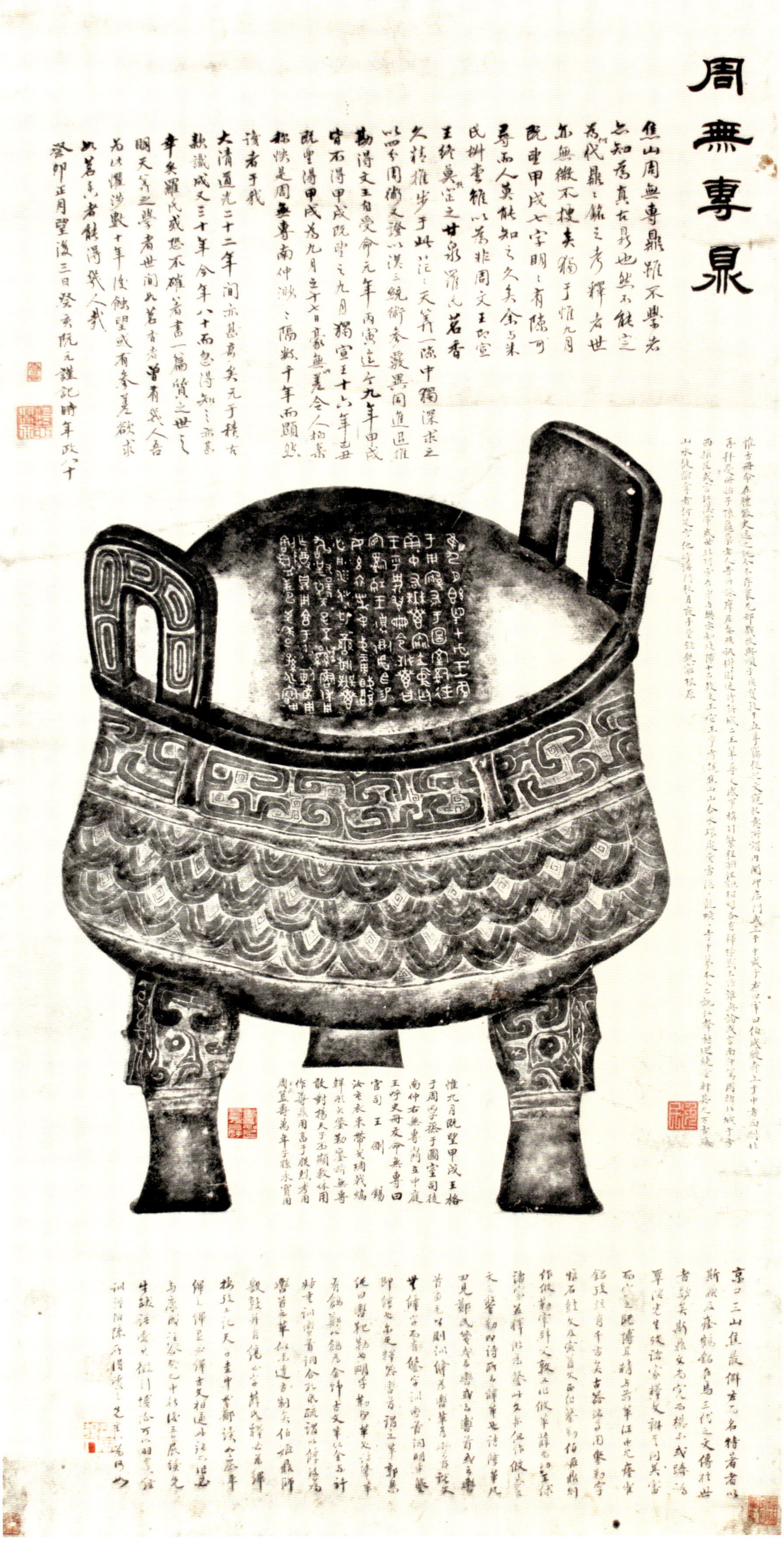

卷軸裝　畫芯縱 127.5、橫 62.5 釐米　館藏號：Z2432

周無專鼎

文於此件拓本之上，亦不註明原委，略顯唐突和異常，其題記的真偽已經不言而喻了。

阮元（1764—1849），字伯元，號雲臺、雷塘庵主、頤性老人。江蘇儀徵人。歷任山東、浙江學政，浙江、江西、河南巡撫及漕運總督、湖廣總督、兩廣總督、雲貴總督等職。嘉道時期金石大家，有《皇清經解》《十三經注疏校勘記》《兩浙金石志》《揅經室集》《經籍纂詁》《積古齋鐘鼎彝器款識》等傳世。

拓本底部題記：

京口三山，焦最僻左而名特著者，以斯鼎及瘞鶴銘在焉。三代之文傳於世者尠矣，斯鼎文尚完而模本或踦謰，覃溪先生考諸家釋文，辨其同異，審而定之，既博且精，與前輩汪中允《瘞鶴銘考》并有千古矣。古器銘多用"鑒勒"字，惟《石鼓文》及《寅簋》文正作"鑒勒"，《伯姬鼎》則作"攸勒"，《宰辟父敦》又作"攸革"，薛尚功、王俅諸家并釋"攸"爲"鑒"。此文亦但作"攸"，蓋古文之"鑒勒"即《詩》所云"鞗革"也。《詩》"鞗革"凡四見，鄭氏箋：或云"轡"，或云"轡首"，或云"轡首垂"，毛公則訓"鞗"爲"轡革"，爲"轡首"，《說文》無"鞗"字，而有"鑒"字，訓"轡首銅"，明乎，"鑒"即"鞗"也。《爾雅·釋器》"轡首"謂之"革"，郭景純曰"轡靶，勒也。"明乎，"勒"即"革"也。《詩》"鞗革有鶬"，鄭以"鶬"爲金飾，古文"革"從"金"，與許叔重訓"轡首銅"合。孔氏疏謂以"鞗皮爲轡首之革"，似未達古制矣。《伯姬鼎》《師毀敦》並有"編必"字，薛氏釋"必"

爲“繹”，按《考工記》：天子圭中必，鄭讀如鹿車繹之繹，是“必”“繹”古文相通，此銘亦作“必”，與康成注合。

癸巳（1833）中秋後五日，展讀先生跋語，愛其徵引博洽，可以羽翼經訓，謹附陳所得質之，先生以爲何如。

此段題跋雖未署名，然結尾鈐有“問梅秘玩”“清風後人”兩方印章，似乎題記者就是鮑逸、鮑問梅。

“鮑逸題跋”的重點，在於考釋銘文中“鑒勒”“縞必”四字，但其跋語末句“展讀先生跋語，愛其徵引博洽，可以羽翼經訓”，顯然此處之“先生”應該不是指阮元，因阮元跋語僅是一篇讚歎羅茗香考無重鼎銘紀年的序文，未及經訓。此處之“先生”，依上下文觀之，當指翁覃溪。

鮑逸題記之年款“癸巳”，若是道光癸巳（1833）所題，時間就要早於道光二十三年（1843）阮元《羅茗香考無重鼎銘紀年序》，上文“展讀先生跋語”就更無從談起。

後查翁方綱《焦山古鼎考》，上述所謂“鮑逸題記”的原始文本，實爲錢大昕題跋。按常理，收藏者鮑逸不會將自藏印“問梅秘玩”“清風後人”加蓋在他人的題跋上，即便是就是鮑逸抄錄錢大昕題跋，按舊例，也該註明錄自何人何處。

拓本右側，又有一則無名氏（其名款被人故意挖去）題詩：

惟古冊命在禮器，史逸之祝今不存。
寰龜邢識牧與頌，于鼎寶敦于壺尊。
竊從記文窺禮意，所謂內門即廟門。
或立于中或于右，曰宰曰伯咸駿奔。
立于中者面則北，再拜受冊貽子孫。
龜巢老人昔所詠，摩尼每照祇樹園。
近時新城二王葦。尋文感事稱引繁。
程（穆倩）汪（鈍翁）相繼各有釋，楊劉不作誰與論。
或言南仲篤周祐，北城于方西拒昆。
或言江漢常武世，並列方召申與樊。
亦如岐陽十石鼓，文王宣王爭考援。
焦山山合水環處，雲雷隱隱龍蜿蜒。
寺中摹本又已訛，江聲怒迴繞堂軒。
英光萬古照山水，彼偷奪者何足言。
他時海門秋月夜，手量鉉銑窮根原。

查翁方綱《焦山古鼎考》，此篇詩文爲翁方綱舊作，亦爲後人抄錄，舊款或許偽造成“翁方綱”，可能字跡相差懸殊，故而又被挖去。

因此，此件鮑逸藏本，其中名家題跋實屬無中生有，唯無重鼎銘文拓本係出自原鼎而非摹刻，亦可視爲金石題跋之反面教材以供參考。

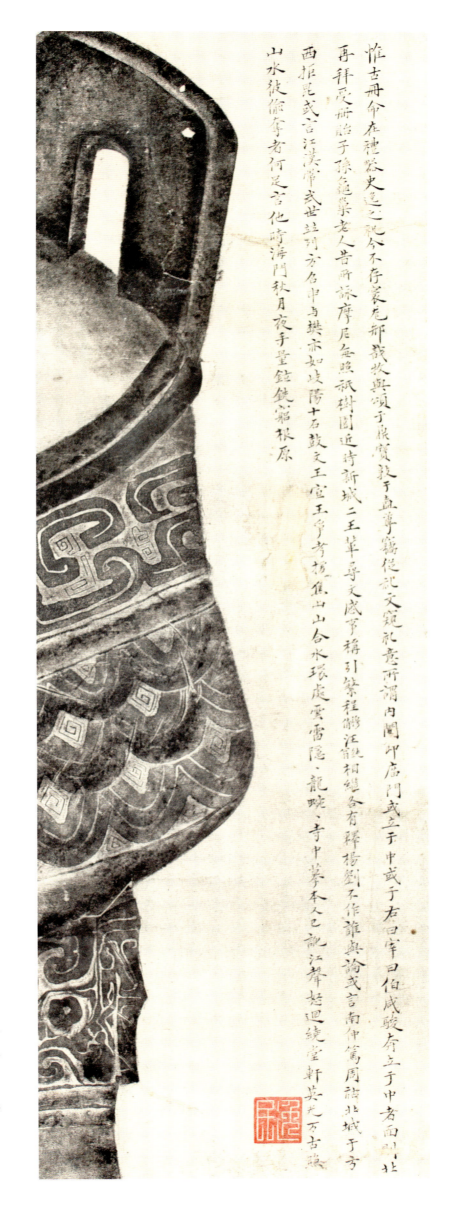

趙佑宸跋本

此本係摹刻拓本，摹刻不精，銘文呆板。然拓本頂部卻有時任江蘇鎮江府知府趙佑宸題字（過錄《張玉書焦山古鼎歌》），並鈐有"管領金焦"印章。

趙佑宸（1827—？），原名有淳，字粹甫，號蕊史。浙江鄞縣人。趙叔孺之父。咸豐六年（1856）進士，歷任江蘇鎮江府知府、江寧府知府、大理寺卿。有《平安如意室詩鈔》《續纂江寧府志》。

卷軸上方，有同治十一年（1872）趙佑宸過錄《張玉書焦山古鼎歌》，詩曰：

> 海風吹雲捲枯木，星斗離離光夜燭。
> 盧堂古鼎蛟螭蟠，精瑩鬱律駭心目。
> 猙獰踞地二尺餘，百乳雙夔銘在腹。
> 甲戌紀日不紀年，召史受冊錫肇服。
> 蝌蚪省識七十八，剝蝕瘢痕難辛讀。
> 齊鐘宋鑒那足擬，巳爵丁卣差比躅。
> 器款未入宣和圖，奇文遺我金石錄。

當時收藏好古家，青詞相國恣貪饕。
一朝攫取渡江水，江濤晝黑神鬼哭。
寶物恥爲饕餮用，過眼須臾覆公餗。
此鼎復溯江流回，棲託僧察氣肅穆。
春風霽日映珠瓔，秋雨澄波對松菊。
吁嗟，鈴山巳蕪蓊山枯，椒山石峙焦山麓。
年年古鼎壓驚濤，江峰千載無傾覆。

《張京江相國焦山古鼎歌》，同治壬申二月粹甫趙佑宸。

下鈐有"趙佑宸""管領金焦"印章。

若按常理推測，此件趙佑宸題字屬於真跡的可能性極小，因爲堂堂一鎮江知府大人，統領金山、焦山，還得不到一張焦山真鼎拓片，會輕易在翻刻本上抄錄長篇題詩。但一時也沒有找到反證，姑存錄，聊備無更鼎翻刻一例耳。

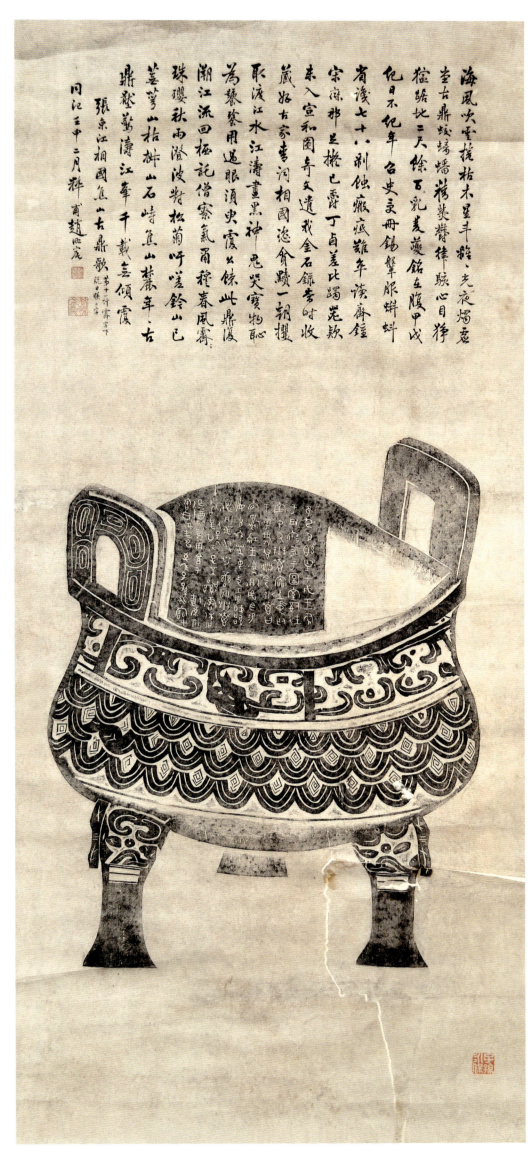

海風吹室摧枯木星斗斓，先夜燭憲
堂古鼎蛟螭蟠糢榯猷竦鬐驕心目狰
猛跶此二天餘百乳蔓藥銘在腹甲戌
化日不紀年名史炙冊錫鞶服蝌蚪
省後七十八剝蝕瘢瘢歲年溌蒂鏠
宋涼邾蘭捲己壽丁卣差此蹈茫跌
朱渡古園奇文遺我金石錄岢时收
藏好古家喜泂相國恣贪颧一朝擾
耿渡江水江濤畫黑神鬼哭寶物耴
為藏盜用過眼須臾霞义餘此鼎後
潮江流回極託僧須密蔛甭程春風壽
珠瓔秋雨澄波對松蓊吁嗟鈴山巳
菶萼枯枒石崚嶂山麓年古，古
鼎蟄蟄萬濤江牟千載无傾霞
張京江相國焦山古鼎歌
同江三中二月群宥趙啜寵

卷軸裝　畫芯縱 124、橫 60 釐米　館藏號：Z2450

193

王文燾跋本

此爲華陽王文燾（君覆）藏本，銘文爲原鼎拓本。

卷軸右上角，有民國十六年（1927）王文燾過録《翁方綱焦山鼎詩》三首：

> 郘惠鼎。器藏焦山寺。
>
> 二程考釋二王詩，世惠無專半信疑。
> 尚勝牛家圖鼎腹，誤憑雲氣畫蛟螭。
>
> 手補圖經已十年，海門弔古當誰傳。
> 午窗又作樓霞夢，記倚空江塔影圓。
>
> 亭壁山樵筆勢遒，日因搨鑿怨滄洲。
> 君家拓出淋漓氣，好爲珝戈來矢酬。
>
> 右蘇齋學士題成魯齋農部所裝焦山郘惠鼎圖銘軸詩三首，因移録藏拓之側，丁卯六月

中伏王君覆記。

銘文拓本左側，有王文燾釋文。

全形拓本下方，有民國十八年（1929）王文燾過録《徐問蘧焦山鼎跋語》，其文曰：

> 右周無專鼎銘，覃溪先生考之詳矣，而未言明此鼎出於誰氏，余讀楊大瓢同巨濤上人游焦山詩云：寶鼎同殷夏，流傳有寺僧。鑄應從洛邑，來本是宜興。自注云：相傳出宜興周延儒家，但楊説未知是否。右爲泉唐徐問蘧題此鼎跋語，見王氏《話雨樓碑帖目》。己巳初夏節録於拓本之末。璹父王文燾識。

王文燾，字君覆，號叔廙、瑟公。王秉恩之子。清末民初學者，子承父業，亦喜金石，富藏書。著有《椿蔭宧初草》《鹽鐵論校記》《春秋左氏古經》等。

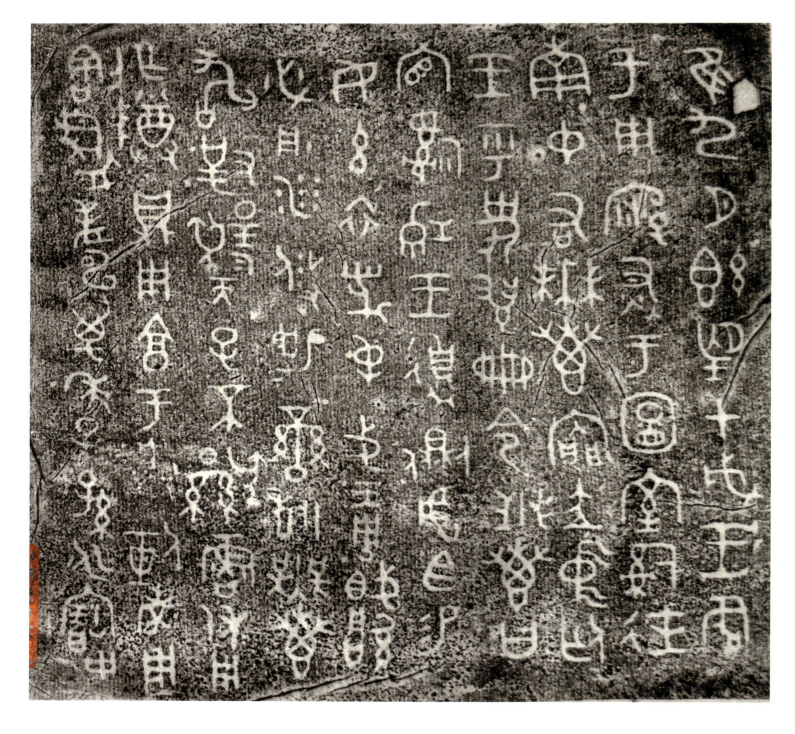

卷軸裝　畫芯縱 102、橫 51 釐米　館藏號：Z2399

郼惠鼎

器藏焦山寺

二程考釋二王詩古惠森尊半信疑尚勝牛家圖鼎腹誤憑
雲氣畫蛟螭 手補圖經已十年海門弔古曹誰傳牛窗文作
栖霞廡記倚空江壖影圖 亭壁山樵筆勢遒日因搥鑿怨滄
洲君家拓出淋漓氣好為珷玞束矢圉

石蘇堂學士題咸魯曹尉農部

忻褱焦山郼惠鼎圖銘軸詩二首因逸錄咸拓之側丁邜六月中伏土君霞記

焦山鼎、金山鼎合拓本

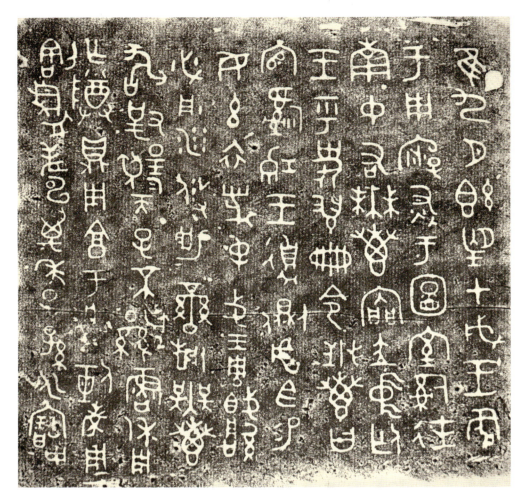

坊間常見 "焦山鼎" 與 "金山鼎" 合拓一紙者，所謂 "金山鼎"，現藏鎮江市博物館，腹內壁銘文 12 行，共 13 字，其原名當爲 "遂肇諆鼎"，屬於西周早期器。道光末年秦中出土，初出土時銘文僅 2 行，共計 9 字，其文曰："遂肇諆作廟叔寶尊彝"（在第六、第七行頂部），後人又僞刻填補 124 字，成 133 字，僞刻內容雜糅《虢季子白盤》等器物文字。

遂肇諆鼎 9 字銘文拓本，見載於《商周青銅器銘文暨圖像集成》第 4 冊，編號 01861。

此類兩鼎合拓，皆出自焦山鶴洲之手，鼎形缺口，屬於半成品，留待畫家填補花卉，其全形拓本與銘文拓本皆非出自原器，幾無文物價值可言，聊作美術作品觀賞，可也。因傳本較多，影響較廣，故收錄之。

卷軸裝　畫心縱 163、橫 92.5 釐米　館藏號：Z1685

訇比鼎

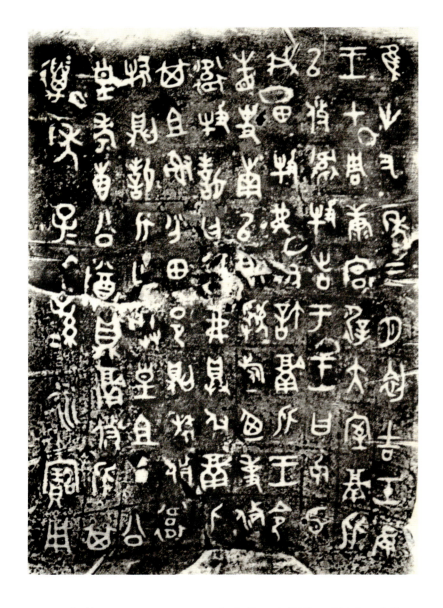

訇比鼎，舊稱"鬲攸从鼎"，西周晚期器。鼎呈半球體，圜底三蹄足，口沿下有大小相連重環紋，鼎高 15.8 寸，耳高 4.4 寸，口徑 17.5 寸。經陸心源、端方遞藏，現藏日本兵庫縣西宮市黑川古文化研究所。

銘文 102 字（其中重文 4 字，合文 1 字），其文曰：

> 唯卅又二年三月初吉壬辰，王在周康宮徲太室，訇比以攸衛牧告于王，曰：汝覓我田，牧弗能許訇比，王令省史南以即虢旅，虢旅乃使攸衛牧誓曰：我弗俱付訇比其沮射分田邑，則殺，攸衛牧則誓，比作朕皇祖丁公、皇考惠公尊鼎，訇攸比其萬年子子孫孫永寶用。

見載於《商周青銅器銘文暨圖像》第 5 冊，編號 02483。

陸樹聲拓本

此爲陸心源之子陸樹聲（叔桐）手拓本，鈐有"歸安陸樹聲收藏金石書畫印""訇鼎樓藏器""叔同手拓金石"印章。陸家藏器，陸家拓本，實屬難得。另有王仁俊、楊鍾羲題記。

拓本下方，光緒三十年（1904）王仁俊題記：

> 此周鬲攸从鼎，阮太傅據趙魏拓本入《鐘鼎款識》，今歸存齋年伯（注：陸心源）。俊按：阮以衛牧爲地名，非也。衛牧乃捍衛牧圉，《左傳》"不有行者，誰捍牧圉"，是其證。鼎文鬲从射分田邑，攸衛牧職司甚析，周彝器以田獵紀功如《散氏盤》之例，其言誓者，周官所云書約劑于宗彝是矣，若如阮解則攸衛牧則誓乃不辭矣。女保我田正衛牧之義。叔桐道兄博雅佞古以爲然否？甲辰秋王仁俊。

王仁俊（1866—1913），一名人俊，字捍鄭、幹臣、感莼。江蘇吳縣人。曾任宜昌知府、蘇州存古學堂教務長、學部圖書局副局長兼大學堂教習。清代史學家、輯佚家、金石學家，著有《格致古微》《管子集注》《毛詩草木今名釋》《籀郼詧經藝》《經籍佚文》《金石三編》《金石萃編補跋》《說文解字考異》《遼文萃》《遼史藝文志補證》《學古堂日記》等。

拓本左側，宣統元年（1909）楊鍾羲題記：

> 光緒甲辰乙巳間與叔桐道兄同客武昌，以此拓本屬題，旋攝襄陽移安陸，置之行笈，未能展讀。丙午秋來白門，叔桐相繼至歡，然道故爲言硒宋舊藏多巳易主，此器近亦歸五鍾山房，相與惋歎者久

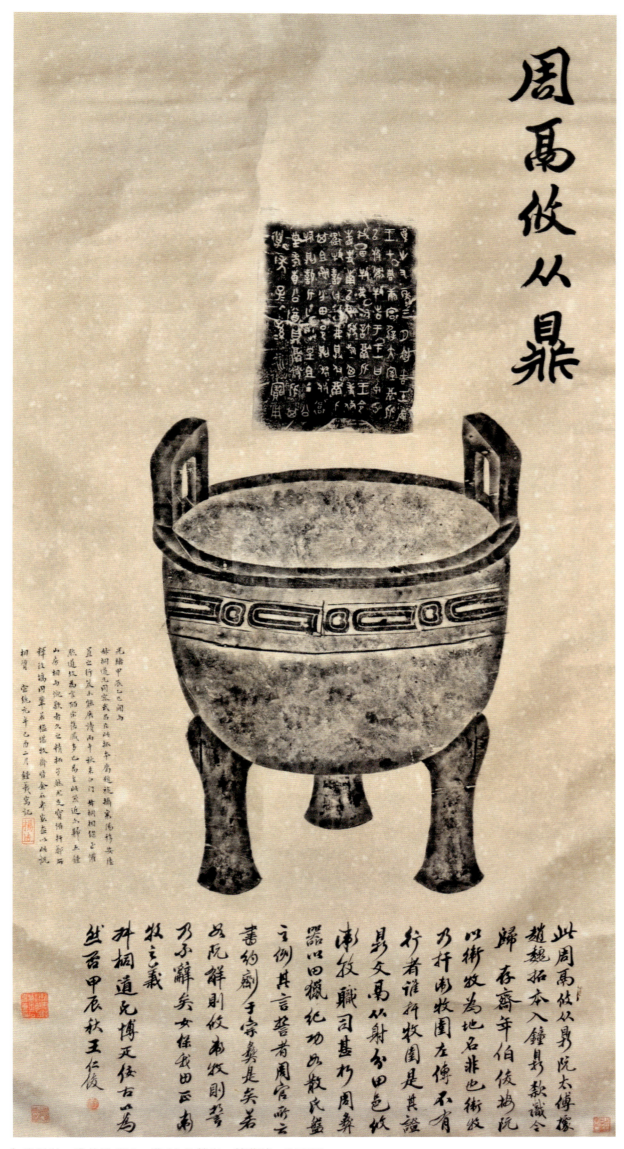

周禹攸从鼎

卷軸裝　畫芯縱130、橫65.5釐米　館藏號：S1899

之。精拓孑然，尤足寶惜，扞鄭所釋致確，同輩若猛堪、牧齋皆金石專家，盍以此説相質。宣統元年己酉二月，楊鍾羲寫記。

按：楊鍾羲跋語"皕宋舊藏"即指陸心源（存齋）之皕宋樓，"五鐘山房"即指端方齋號。

楊鍾羲（1865—1940），姓尼堪氏，原名鍾慶。戊戌政變後改爲鍾羲，冠姓楊，字子勤，號留垞、雪橋、雪樵等。先隸滿洲正黄旗，乾隆間改爲漢軍正黄旗，世居遼陽。光緒十五年（1889）進士，後歷任襄陽、淮安、江寗知府。辛亥革命後，蟄居上海，著述甚豐，輯有《留垞叢書》《八旗文經》，著有《雪橋詩話》《聖遺詩集》。

光緒甲辰乙巳間与

姊桐道兒同客武昌后此拓本屬題旋攜襄陽移安陸

置之行篋未能展讀丙午秋来白門舟桐相繼去懽

照道故為言舊藏多巳馬主此緊近忩歸五鍾

山房相与惋歎者久之精拓苟然尤乏寶惜扦鄭所

釋改塙同輩荘猛堪牧齋皆金石壽家益以此說

相寶 宣統元年巳酉二月鍾羲寫記

楊法

大克鼎

大克鼎

　　大克鼎，又名"善夫克鼎"，西周中期後段器，光緒十四年（1888）夏，大克鼎出土於陝西扶風縣北鳳泉鄉訓義里之庄里任家，今法門鎮白村，即法門寺北偏西4公里處，旋由關中運往京師。光緒十四年秋冬歸潘祖蔭所有。鼎通高93.1、口徑75.6、深43釐米，重201.5千克。頸部有三組變形獸面紋，腹部有環帶紋，立耳兩側有龍紋，足部有浮雕獸面。1951年，潘祖蔭孫媳潘達于女士將大克鼎、大盂鼎捐贈給上海博物館，此二鼎是百餘年來出土有銘文的最大圓鼎。1959年，大盂鼎調撥中國歷史博物館，大克鼎留存上海博物館。

　　銘文共290字（其中重文7字，合文2字），其文曰：

　　克曰：穆穆朕文祖師華父，聰襄厥心，宇靜于獻，淑哲厥德，肆克恭保厥辟恭王，諫辪王家，惠于萬民，柔遠能邇，肆克□于皇天，琱于上下，得純亡愍，錫釐無疆，永念于厥孫辟天子，天子明哲，景孝玉神，經念厥聖保祖師華父，撠克王服，出納王命，多錫寶休，丕顯天子，天子其萬年無疆，保辪周邦，畯尹四方，王在宗周，旦王格穆廟，即位，申季

右膳夫克，入門，立中廷，北嚮，王乎尹氏册命膳夫克，王若曰：克，昔余既命汝出入朕命，，今余唯申就乃命，錫汝素鞹、參絧、苹悤，錫汝田于埜，錫汝田于渒，錫汝井宇勚，田于峻與厥臣妾，錫汝田于康，錫汝田于匽，錫汝田于隃原，錫汝田于寒山，錫汝史、小臣、靈龠鼓鐘，錫汝井、微、𢽟人鞹，錫汝井人奔于量，敬夙夜用事，勿廢朕命，克拜稽首，敢對揚天子丕顯魯休，用作朕文祖師華父寶鑾彝，克其萬年無疆，子子孫孫永寶用。

　　見載於《商周青銅器銘文暨圖像集成》第5册，編號：02513。

　　此鼎初出土時，銘文爲銅鏽所掩，文字漫漶不清，光緒十五年（1889）春，潘祖蔭在京師命工洗剔後傳拓，並屬李文天及門下士之同好者爲之釋文，故傳世銘文拓本可分"未剔本"與"剔後本"兩種。"未剔本"爲光緒十四年（1888）出土時初拓，稱"關中拓本"，雖拓本漫漶不清，約三分之一文字不可辨識，然傳本極稀。上海圖書館素以館藏豐富聞名海内外，然《大

克鼎》"未剔本"亦僅存一件。

"剔後本"多爲光緒十五年（1889）至光緒十六年（1890）潘祖蔭去世的一年間傳拓，稱"京師拓本"。潘氏去世後，其家人將大克鼎、大盂鼎運回蘇州原籍隱匿保護，其後絕少傳拓。潘祖蔭收藏大盂鼎有十六年之久，收藏大克鼎僅僅一年時間，故傳世《大盂鼎》拓本數量遠遠超出《大克鼎》。

2017 年嘉德春拍，見有光緒十五年（1889）五月李文田釋文本立軸一件，《大克鼎》）銘文拓本已爲剔後本，下鈐有"伯寅寶藏第一""己丑所拓"印章，此時李文田還將後半銘文全部釋出，此拓應該是剔後初拓本。

原鼎銘文"克曰"一面界格綫清晰，第四橫列下有凸起黑綫一條（在銘文之下，界格綫之上），橫貫穿第六行至第十一行，翻刻則無。另，亦見有以舊時影印件裝裱作僞者，須提防。

周慶雲藏本

此爲周慶雲（夢坡）藏全形拓本，拓工精湛，係最舊拓本，當時銘文尚未全部剔出，部分文字漫漶不可辨，屬於"未剔本"。

周慶雲（1866—1934），字景星，一字逢吉，號湘舲，別號夢坡，浙江烏程人。南潯巨富，喜詩文金石書畫，精鑒藏，著有《南潯志》《鹽法通志》《夢坡詩文》《夢坡室獲古叢編》《夢坡室藏硯》《夢坡室金石印痕》《四十硯碑拓本》《歷代兩浙詞人小傳》《琴書書目》《琴史補》等。

王藴章題端：

善夫克鼎。吳縣潘文勤所藏，夢坡吟長得精拓本屬爲篆額。西神王藴章。

王藴章（1884—1942），字蒓農、蒓農，號西神、窈九生、紅鵝生、二泉亭長等。江蘇金匱人。任上海滬江大學、南方大學、暨南大學國文教授，上海《新聞報》主筆。通詩詞，擅小說，工書法，是鴛鴦蝴蝶派的主要作家之一有《西神小説集》《王藴章詩文鈔》《梅魂菊影室詞話》《然脂餘韵》等。

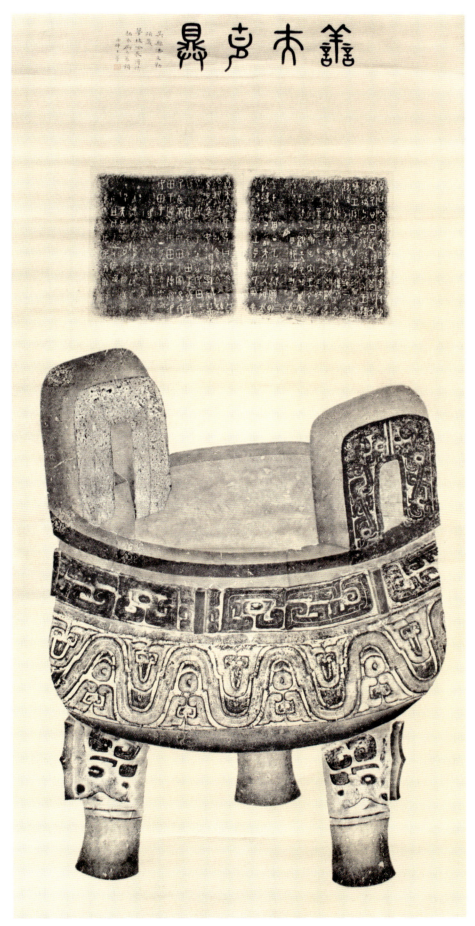

卷軸裝　畫芯縱 200、橫 92 釐米　館藏號：Z1437

褚德彝藏本

此本爲褚德彝舊藏，屬於"剔後本"，存民國十四年（1925）褚德彝釋文并題記，民國三十六年（1947）歸吳仲坰師李齋收藏。鈐有"褚禮堂""松窗""千簪窠""仲坰得來""師李齋"印章等。

吳仲坰題卷軸外簽：

　　善夫克鼎舊拓精本，褚禮堂先生舊藏本，丁亥夏得于滬上重裝并記，仲坰。

吳仲坰（1897—1971），字載和，亦曰在和，別署仲珺、仲軍。江蘇揚州人。喜金石書畫，善篆刻。因治印拜師李尹桑（黃牧甫弟子），故齋名曰"師李齋"。輯有《餐霞閣印稿》《邵亭印存》等。

卷軸右上方，王福庵題端：

　　克鼎。仲坰先生有道金石家命題，丁亥（1947）九月福庵王禔。

拓片下方，褚德彝釋文并題記：

　　乙丑（1925）秋九月十六日，小雨新霽，

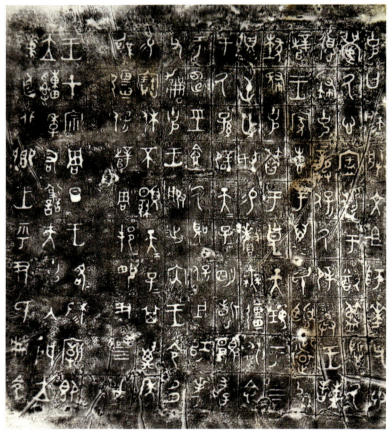

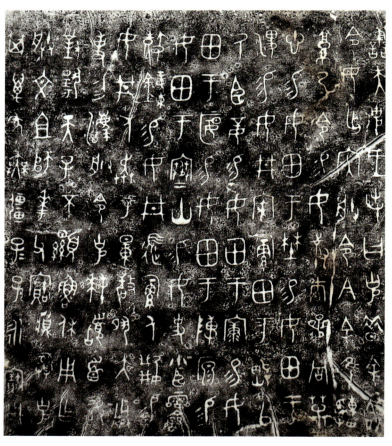

206

207

坐江樓因書釋文於搨本之上下
方，有不可釋者，仍作篆文書之。
德彝記。

仲坰先生有道　金石家

命題、丁亥九月福厂王禔

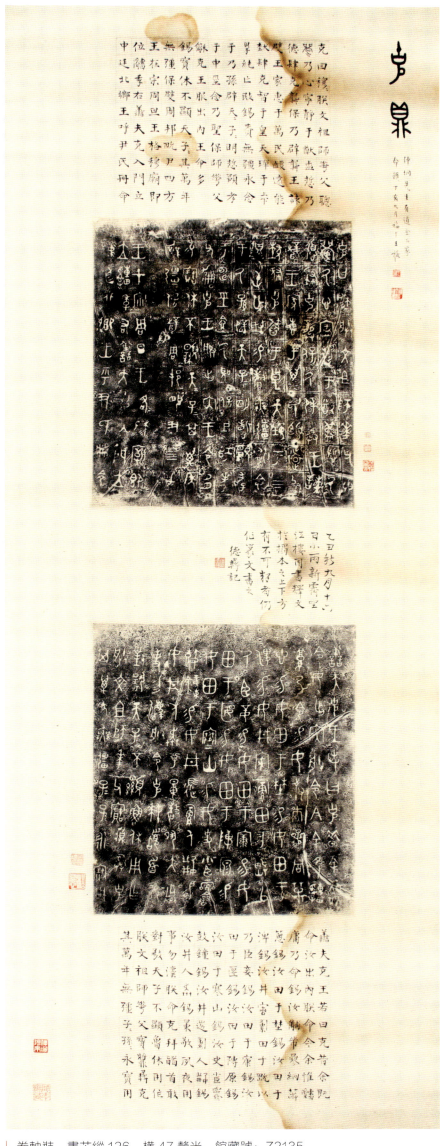

卷軸裝　畫芯縱126、橫47釐米　館藏號：Z2135

吳昌碩跋本

此爲吳昌碩、徐乃昌遞藏本，係"剔後本"。存光緒三十一年（1905）吳昌碩題跋。拓片鈐有"徐乃昌印""企瑗所得金石文字"印章。

拓片左側，光緒三十一年（1905）吳昌碩題記：

克鼎。是鼎出關中鳳翔府，爲潘鄭庵宮保所得。文多銅鏽所掩，未盡剔出，茲就其可辨者録其文於下。第二行"𨤲"，第五行"𩛥珷"字不可識，不能臆斷也。第十二行似本無字，"克日"以下誦其祖德，"王在宗周"以下紀其册命及賜賚之盛。官止善夫而錫田如此之優，亦不可解。（其下釋文略）

光緒三十一年（1905）歲在乙巳四月維夏，安吉吳俊卿釋於癖斯堂。

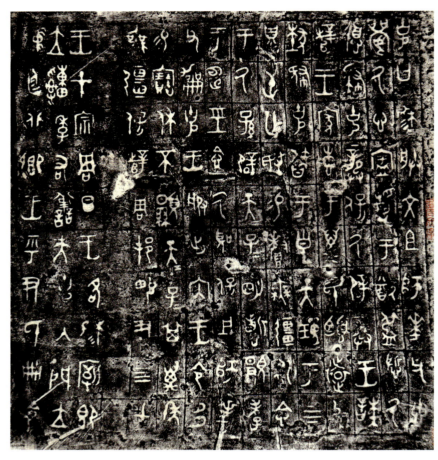

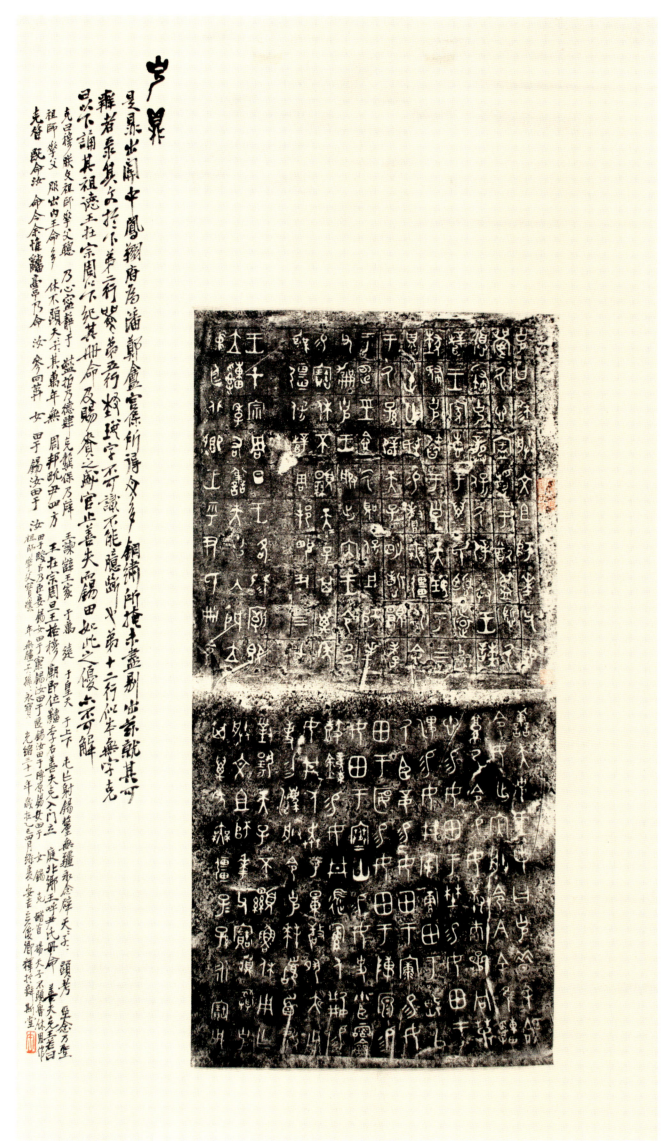

克鼎

是鼎出鳳翔府為潘鄭盦寶藏所藏父多。鳴此
所摶未盡剔出亲就其母
銘者泉其文拓不整。第二行紫黍五行料理字不可識不能臆斷又第十二行似牟無字克
累王莊宗周。旦辰韓王命。先人公多不顯天其萬年無
以不誦其祖遠王在宗周心不純其冊命及賜吾之。而官上善夫賜田如此之優。
克自穆聯父祖師登父寵。乃率穆
先唐嬰父祖師登父休不顯天其萬年無
殷出内王命乡。休不顯天其萬年無
克昌稽首敢對揚天子不顯魯休揚用
祖師既命汝。命令余堆離。臺亭乃令汝參嗣。
先啙既命汝。命令余堆離。臺亭乃令
女。甲字屬汝甲字
祖師登父寶簋。年光緒二十一年歲在乙四月穀旦鹽陵吳雲寀俊唐彝持拜辭
卷軸裝　畫芯縱 111.5、橫 56.5 釐米　館藏號：Z2049